ACCI
Asociación Cultural y Científica
Iberoamericana

EDUCACIÓN...
¿AQUÍ Y AHORA?

ANA ROA GARCÍA

EDUCACIÓN...

¿AQUÍ Y AHORA?

ACCI
Asociación Cultural y Científica
Iberoamericana

© Obra: Educación... ¿Aquí y ahora?
Primera edición: Febrero, 2025
© Autor: Ana Roa García
ISBN: 978-84-10041-41-7
Depósito Legal: M-3137-2025

Maquetación y Diseño cubierta: ACCI ediciones

© Editado por ACCI ediciones // www.acciediciones.com
Gestión, promoción y distribución: Grupo Editor Vision Net S.L.
C./ San Ildefonso 17, local, 28012 Madrid. España.
Tlf: 0034 91 5273678 // Email: pedidos@visionnet-libros.com

Disponible en librerías físicas y online.

Dedicado a Antonio, mi ángel de la guarda,
y a las muchas personas fuertes que mantienen
su sonrisa aunque su alma llore…

ÍNDICE

PRESENTACIÓN

Esta obra concentra una recopilación de artículos, guiones de entrevistas, reportajes, jornadas y congresos publicados en diferentes medios de prensa donde he tenido el placer de intervenir, además de textos inéditos relacionados con Escuela de Familia. Actualmente, las publicaciones son casi todas digitales o algunas híbridas por lo que he considerado editar estos escritos en papel impreso, con el fin de que no se dispersen ni se pierdan. A veces, digitalmente, son tan difíciles de localizar que me cuesta incluso a mí, siendo su autora.

Aprovecho estas líneas para hablar del libro en papel, me incluyo en su "club de fans" En la era digital en la que vivimos, los libros en papel siguen manteniendo su encanto y preferencia entre un gran número de lectores, a pesar de que la forma continuada en que consumimos contenidos en la red. Es cierto que los libros digitales han ganado popularidad en los últimos años, no obstante, la necesidad de "pasar las páginas", esa experiencia tangible unida a la conexión emocional que brindan los libros en papel continúan cautivando a muchas personas. Los libros impresos siguen siendo una opción valiosa para los amantes de la lectura y prolongan su resistencia en el paso del tiempo. El tacto y del olfato desempeñan un papel importante, a las personas les gusta sujetar el libro, tocar las páginas, oler el aroma de la tinta, poder realizar anotaciones sobre las hojas…

Leer en papel reduce la fatiga visual, al contrario que los dispositivos electrónicos, los libros no emiten luz azul, por lo que los ojos los perciben mucho mejor. En ellos no encontramos notificaciones emergentes ni e-mails, de manera que nos podemos sumergir en la lectura sin distracciones.

El coleccionismo de libros físicos entraña un gran valor sentimental. Tenemos apego por las cosas tangibles heredadas, como puede ser un libro, o si alguien te dedica un autógrafo o una bonita dedicatoria. A muchos de nosotros, además, no gusta ir creando nuestra propia biblioteca.

Gran número de lectores y lectoras han declarado que disfrutan de la lectura mucho más si es en formato papel, aunque, si te gusta leer, conseguirás disfrutar independientemente del formato.

En esta obra aparecen textos teórico-prácticos de diversas temáticas, muy interesantes para tener en cuenta como punto de partida de reflexiones, debates, argumentaciones personales y profesionales… Son vivencias actuales que "nos ocupan" aunque en ocasiones "nos preocupen"

¡Feliz lectura!

Ana Roa
Madrid, febrero 2025

CAPÍTULO 1
Tener Altas Capacidades no es solamente hablar
de ser Superdotado…

¿Qué incluye el concepto "Altas Capacidades"?

La palabra superdotado hace referencia a un perfil determinado de las Altas Capacidades. Tener unas características de "perfección" general sólo responde a una parte de las personas que tienen capacidades por encima de la media. Existen también quienes tienen dotes extraordinarias o grandes habilidades en algunos aspectos de su inteligencia, quienes han desarrollado potencialidades en los primeros años de su vida o quienes poseen un "don" especial, una genialidad característica. La definición de Alta Capacidad recoge mejor las características de un grupo heterogéneo de personas que tienen determinadas capacidades que destacan o que se encuentran en un nivel alto de potencial cognitivo. Podemos decir que es más adecuado el término Altas capacidades si queremos englobar a este colectivo.

Dejamos unas definiciones aclaratorias (Sánchez Manzano, 2023):

- Superdotado (de súper = sobre, por encima; dotado = provisto naturalmente de determinadas cualidades) es un término utilizado para referirse a una aptitud de inteligencia general y creatividad que está por encima de lo que es normal. Los términos bien-dotado y sobre-dotado intelectual son sinónimos del anterior.
- Talento hace referencia a la actividad humana que está muy por encima de lo normal en uno o más campos. El talento es, de este modo, la manifestación de la superdotación o el potencial intelectual.
- Prodigio hace referencia a la persona que tiene alguna aptitud extraordinaria. Se ha usado la terminología niño prodigio para hablar del niño excepcional, pero este término es raro en la actualidad.
- Genio es un término usado en el sentido de la superdotación, cuyo significado se corresponde con la persona que posee una alta capacidad creativa o inventiva. Es similar a denominación de talento.
- Niño precoz se relaciona con el niño que destaca a corta edad en alguna cualidad. Sin embargo, la precocidad no es sinónimo de superdotación. El adelanto en las primeras etapas de desarrollo de un niño no puede evaluarse como superdotación intelectual.

¿Puede ser un niño de Altas Capacidades en dibujo o música? ¿por qué normalmente se relaciona tener Altas Capacidades con matemáticas o lengua?

Tradicionalmente se ha asimilado a las altas capacidades con las funciones superiores, entre las que destacan el razonamiento lógico y la capacidad de resolución de problemas o la comprensión verbal. Los tests empleados aún hoy en día recogen también esta fundamentación. Hay también una influencia cultural arraigada que presupone a las matemáticas y al lengua como el máximo exponente de las capacidades del individuo. Es en las manifestaciones de estas materias en las que siempre nos fijamos primero para comparar la inteligencia. Las últimas investigaciones demuestran que nuestro cerebro es más complejo y que el concepto de inteligencia se va perfilando como una característica más diversa y unida a los factores emocionales. Hoy se habla de inteligencias múltiples y de inteligencia emocional. Como decía anteriormente, las expresiones artísticas y musicales pueden expresar perfectamente una capacidad superior, por ello es más adecuado hablar de Altas Capacidades cuando queremos referirnos a alguien con dotes por encima de la media.

¿Qué primeras señales pueden hacernos detectar que nuestro hijo tiene Altas Capacidades? Muchas veces pensamos que nuestro hijo es muy listo, pero en realidad no tenemos mucho con lo que comparar.

Los padres somos excelentes identificadores de nuestros propios hijos superdotados ya que en el 70% de los casos la selección hecha es correcta. Usamos el método de observación comparativo y advertimos aptitudes que poseen y nos llaman mucho la atención.

Observa si:

- La atención y la memoria de tu hijo están muy desarrolladas
- El rico lenguaje expresivo y comprensivo en el día a día (un rasgo particularmente importante de sobredotación)
- Está presente el aprendizaje rápido de conceptos nuevos
- Surge el interés del niño por conocer nuevas cosas haciendo muchas preguntas
- Aparece la lectura temprana
- Desarrolla la intensa inventiva y capacidad creativa
- Expresa una alta sensibilidad emocional en el niño

¿En qué momento debemos realizar el diagnóstico? ¿A partir de qué edad?

Sería muy interesante un diagnóstico precoz a los 4 años aproximadamente. Después podemos continuar con un seguimiento continuo para observar su evolución y ver en lo que puede desembocar.

¿Debemos decirle al niño que le vamos a hacer un test para ver si es superdotado o es mejor hacerle las pruebas sin decirle para qué son?

Cuando un niño o niña llega a un despacho o gabinete psicopedagógico o médico hay que tener en cuenta su edad y su madurez. No es lo mismo la relación que se puede establecer con edades de 3 a 6 o 7 años que las que tendríamos con un adolescente. Lo ideal es establecer con ellos una relación de confianza y tranquilidad para que sus respuestas sean sinceras y objetivas. A los pequeños simple-

mente hay que decirles que vamos a trabajar con ellos para cono-
cerles mejor y que necesitamos que estén tranquilos y pregunten las
dudas. A los mayores conviene comentar que vamos a proponerles
algunas pruebas para conocer sus habilidades. Hemos de tener en
cuenta que nunca debemos predisponerles en un sentido u otro, ya
que podríamos sesgar los resultados.

Por tanto, la respuesta a esta pregunta está muy relacionada
con la capacidad de comprensión del niño. Tampoco es adecuado hablarle al niño de pruebas de superdotación entendiendo este
término como algo absoluto e inmutable, pues puede causar des-
concierto y que él lo sienta como algo extraño, cada caso es único
y particular.

Relación con otros niños en el colegio o con sus amigos.

Según el psicólogo francés Jean Charles Terrassier podemos encontrar una disincronía (cierto desequilibrio) niño-compañeros. La
disincronía entre la edad mental y la edad real implica que estos
niños no encontrarán en los compañeros de su edad una compañía
intelectualmente interesante ni estimulante. Por otro lado, pueden
sentirse desplazados físicamente en compañía de niños mayores, lo
que los llevará, finalmente, a buscar niños de su edad para jugar, o a
no jugar a determinados juegos. Poder entablar relaciones con otros
niños de alta capacidad suele ser positivo para ellos y les permite
aceptarse mejor. Un estudio realizado en el contexto de la escuela
primaria norteamericana mostró que el niño de alta capacidad se
desinteresaba del colegio cuando no había otro niño de similares
características en su clase, y que menos del treinta por ciento de

estos niños tenían un rendimiento escolar de acuerdo con sus posibilidades.

¿El niño o la niña con altas capacidades "sabe que lo es" antes de
recibir el diagnóstico?

Dependiendo de la edad y la situación familiar y cultural del
entorno, existe en algunos niños/as cierto grado de "intuición" en
sus habilidades, podemos comprobarlo cuando hablamos con ellos
de sus gustos, conocimientos, ideas…Es lógico pensar que su capacidad de metacognición les puede llevar a una reflexión personal y
a una imagen de sí mismos en la que reconocer sus peculiaridades
en la comparación con los otros en su vida cotidiana. Otra cosa diferente es que lo manifiesten abiertamente. Es más fácil observarlo
pasada la primera infancia.

Si el diagnóstico dice que afirmativo, ¿es conveniente decírselo?
¿cómo influye en el niño o la niña?

Sí, es conveniente siempre acompañado de una explicación clara
y natural en la que conectemos interiormente con el niño o la niña.
Si compartimos con ellos un diagnóstico diferencial bien tratado
por el entorno que los rodea, ellos se sentirán bien y obtendrán el
reconocimiento que necesitan.
Por tanto, siempre hay que explicarles a los niños los resultados
obtenidos. Otra cosa es cómo hacerlo. En este sentido hay que ex-
presarles que tienen buenas posibilidades y que pueden aprovechar-
las para sus estudios y su vida. También dependerá de la edad. Pero
aquí hay que apuntar que la familia es un factor importante. Que

en el seno familiar se considere una característica más, que se trate de forma "natural" es la mejor manera de asegurar que la vivencia de sus habilidades se asimile de forma equilibrada. Con más o menos inteligencia, es una persona en relación con su entorno.

¿Qué tienen en común los niños con Altas Capacidades?

Cuando se habla de altas capacidades podemos encontrar características homogéneas genéricas de este grupo pero, en realidad, cada niño o niña es único/a... "la Educación no tiene talla única"

¿Tener Altas Capacidades puede ser un problema?

En absoluto si se toman las medidas oportunas: "Tener una mente privilegiada no puede convertirse en una maldición". No se trata de hablar de "genios" se trata de trabajar el potencial de los chicos o chicas de forma adecuada y estar todos concienciados.

¿Cuáles son los principales miedos de los padres que tienen un hijo con altas capacidades y qué les puedes decir para tranquilizarles? ¿Algún consejo para educar a su hijo?

Es muy importante que el niño marque su propio ritmo de aprendizaje, no debemos frenarlos ni forzarlos desterrando también cualquier estereotipo, falsa creencia o mito como ser los primeros de la clase, no gustarles hacer deporte... Es necesario que nos formemos en la materia como padres y madres expertos.

Su comportamiento puede que no sea propio de un niño de su edad ya que su desarrollo es muy rápido... pero cuidado con sus emociones, quizá el razonamiento es muy superior pero no deja de ser un niño para determinadas situaciones relacionadas con el afecto y el sentimiento.

¿Qué es importante que le inculquemos a un niño que tenga Altas Capacidades?

La respuesta a esta pregunta la podemos resumir diciendo que debemos transmitir al niño/a la idea de que es una persona, con sus potencialidades, con su personalidad, y la necesidad de relacionarse con los otros de manera que le permita crecer y desarrollarse emocional y socialmente como cualquier otro niño de su edad. Que disfrute, que comparta, que se relacione adecuadamente en la familia, la escuela y con las amistades.

Cuando hablamos de altas capacidades hablamos también de hipersensibilidad e hiperexigencia consigo mismos en muchos casos. Debemos considerar que la intensidad emocional es mayor en ellos, al igual que la forma de vivir las emociones, por lo que el trabajo sobre la tolerancia a la frustración es muy necesario, además del trabajo relacionado con la autoestima y el autoconcepto, para que aprenda a vivir naturalmente y no se sienta diferente. El aprendizaje del amor por sí mismo o por sí misma es fundamental en estos casos.

Eres profesor y tienes un niño de Altas Capacidades en clase, ¿qué es bueno que sepas?

El profesor tiene que asesorar, inspirar y orientar para que el alumno de altas capacidades busque sus propias respuestas y dejar que sea el protagonista para alcanzar sus propios objetivos. Sería muy interesante que conociera herramientas de coaching.

El docente puede ser un coach si:

- Es un guía: no es quién lo sabe todo, sino quien ayuda al alumno/a a conocer y descubrir.
- Mantiene una escucha activa: escucha, atiende y aprende con sus alumnos/as.
- Es flexible: adaptándose a las necesidades de cada alumno/a, sus intereses y su estilo de aprendizaje.
- Constituye una ayuda: asesora y muestra el camino para mejorar el rendimiento.
- Cuestiona: desarrolla el espíritu crítico y la creatividad.

El docente debe motivar al alumno. La motivación es el motor en el proceso de enseñanza-aprendizaje. En este sentido, no debe su valor únicamente a la transmisión de conocimientos, sino que además tiene que ser capaz de transmitir valores y actitudes positivas hacia la tarea educativa.

Adaptación del guión para el reportaje ¿Por qué suspenden los niños con altas capacidades? para Educar es todo, basada en el libro "Altas Capacidades, educando para el éxito" del que soy coautora.

Diciembre 2019

CAPÍTULO 2
¿Sabemos reconocer lo que nuestro hijo siente cuando llora?

La perspectiva que tiene nuestro hijo del entorno es muy diferente a la nuestra, algo que para nosotros no significa nada puede ser todo un mundo visto desde sus ojos. En muchas ocasiones, lo primero que pensamos es que llora para salirse con la suya, si bien es muy cierto que observando a los adultos y poniéndolos a prueba aprenderá cuáles son sus puntos débiles para utilizarlos a su favor. Llorar, en ocasiones, puede convertirse en su herramienta para afrontar sus problemas cotidianos (lloriqueará cuando llegue la hora de dormir si no tiene sueño, si se le cae la comida al suelo…) Debemos considerar que se trata de la expresión de un estado de ánimo aunque a nosotros esto nos perturbe, que se trata de la expresión de un determinado sentimiento aunque nosotros estemos cansados ya de escucharlo, pues cuando escuchamos llorar nos ponemos nerviosos y si continuamos oyéndolo lo más probable es que nos irritemos cada vez más. El llanto, durante los primeros años, es una forma de comunicación. A medida que va creciendo, a veces es difícil saber qué hacer o decir cuando lloran, para esto es mejor descubrir el motivo que ha desencadenado ese estado de ánimo y decidir cómo consolar al niño.

Abrazar a nuestro hijo y consolarlo no tiene nada que ver con malcriarlo, es importante tomarse en serio su dolor ayudarlo a gestionar sus emociones. Cuando reconocemos lo que siente le ayudamos a crecer a partir de los problemas. Si decimos a nuestro hijo que deje de llorar, no dejará de hacerlo; necesita nuestro acogimiento; el llanto le permite liberarse de manera natural y saludable, es sano.

El significado del llanto

El llanto es un medio para acaparar nuestra atención con la finalidad de comunicarnos algo. En primer lugar intentaremos que él comprenda que hemos captado su necesidad de atención, y después intentaremos descifrar el lenguaje del llanto acompañado del gestual para saber qué nos quiere decir; por tanto, y para hacer las cosas más fáciles y proceder de una manera más oportuna desde el punto de vista pedagógico, nos calmaremos. Y después empezaremos e entender qué está pasando y por qué llora.

En gran número de ocasiones aparece el sentimiento de culpa porque el niño llora y no sabemos qué le ocurre. Cuando no sepamos las causas, aunque hayamos intentado adivinarlas por todos los medios, es importante consolar a nuestro hijo, acogerlo e intentar relajarnos. Más tarde, intentaremos ponernos en el lugar del niño para interpretar su llanto.

El llanto del bebé

Existen ciertos detalles en el comportamiento y en el llanto de los niños y niñas que nos podrán orientar sobre las causas que determinan que, precisamente, se pongan a llorar:

- Cuando tiene hambre: Empieza poquito a poco, se chupa las manos o se muerde los puños y empieza a subir en intensidad hasta prácticamente gritar de manera muy estridente.
- Cuando siente dolor: Presenta un gemido prolongado, con tono bastante agudo... hace alguna pausa y repite.
- Cuando está nervioso: Se mueve mucho, no hace caso a los adultos y gimotea fuertemente.
- Cuando tiene sueño: No quiere que le hablen, muestra cierta inquietud, con un gemido relativamente suave; se enfada si se le distrae y busca algo para chupar.
- Cuando quiere que le acunen: Gemidos cortitos en volumen ascendente que acaban cesando cuando se le abraza y se le balancea.
- Cuando está enfadado: Puños cerrados, cara enrojecida, expresión de irritación, gime de forma quejicosa y con respiración entrecortada.

¿Qué podemos hacer?	Acunarlo boca abajo para aliviar el dolor de tripa, nuestra mano estará en su abdomen.
	Ofrecerle nuestro dedo o el chupete para que succione y se calme.
	Darle un masajito en la espalda para eliminar los gases y relajarlo a la hora de dormir.
	Ofrecerle el pecho para amamantarlo.
	Apoyarlo en nuestro hombro con la cabecita rozando nuestro rostro para que sienta nuestra piel.
	Abrazarlo y acariciarlo.
	Envolverlo en su mantita para que se sienta abrigado, caliente y protegido.
	Intentar que no transcurra mucho tiempo desde el comienzo del llanto hasta acudir a su llamada, de esta manera será menos difícil que se calme.

Va creciendo… ¿cómo entender su llanto?

- Iremos anotando cuándo se produce su llanto, esto es, si coincide con un hecho determinado como la hora de irse a la cama o de hacer los deberes… en estos casos el problema suele estar relacionado con la aceptación de los límites. Por tanto, formularemos normas claras, consensuadas y sin variaciones explicándoselas de forma sencilla y cumpliendo con nuestro ejemplo.
- Prestaremos especial atención a quién está delante cuando llora, por si pudiéramos establecer ciertas relaciones causa-efecto.
- Tendremos en cuenta las consecuencias de cada uno de los episodios de llanto, si está consiguiendo lo que quiere y nos gana y ofreceremos alternativas sobre lo que se puede hacer o modificar en cada situación.

Expresiones que brindan apoyo emocional

Si le decimos: "Deja de llorar", "Para ya", "No te comportes como un bebé", "Como no pares de llorar, vas a llorar con razón"… Estas expresiones solo contribuirán a que nuestro hijo se sienta peor y, además, incomprendido emocionalmente.

En estos casos podemos ofrecer frases de apoyo emocional desde la empatía… nosotros nos sentiremos mejor y él se encontrará comprendido y respetado. No es conveniente restar importancia al llanto aunque desconozcamos su causa, puede que detrás de él se esconda un problema que en numerosas ocasiones el niño no está maduro para manejar y enfrentar.

Os dejamos una serie de frases para los momentos más delicados, en todas ellas acogemos la emoción que vive nuestro hijo desde el reconocimiento de sus sentimientos:

- ¿En qué te puedo ayudar?
- Veo que estás molesto/a…
- Si no puede ser ahora… ¿tal vez luego?
- Estoy aquí para ti, te escucho…
- Entiendo que te sientas mal…
- Llora cuanto necesites…
- Volveré más tarde…
- Lo siento…
- Mañana verás todo esto de manera diferente…
- Te entiendo, tranquilo/a…
- Te ayudaré a resolverlo, lo haremos juntos…
- Sé que te encuentras cansado/a…

Colaboración para la Revista Padres y Colegios nº 161 Editorial Siena.
Opinión "¿Sabemos reconocer lo que nuestro hijo siente cuando llora?"

Marzo 2021

CAPÍTULO 3
Cómo poner límites a los adolescentes y mantener una buena relación

Para nosotros los padres es complicado establecer estas normas y que nuestros hijos, sobre todo los más mayores que están en plena adolescencia adolescentes, las cumplan. Intentamos establecer límites coherentes, lógicos y firmes... que sean útiles independientemente de la situación o el día... En numerosas ocasiones cuando hablamos de cómo poner límites a los hijos adolescentes pensamos que es algo de la primera infancia... cuando nuestros hijos pasaban por la etapa de las rabietas o del negativismo... Pero los límites hay que ponerlos en cada etapa, incluida la adolescencia. En la adolescencia es fundamental una comunicación fluida con nuestros hijos. Si se tiene una estrecha relación de comunicación, los adolescentes están mucho más dispuestos a actuar como esperamos de lo que nos pensamos. Con un buen acompañamiento emocional pueden llegar a ser personas autónomas, sanas y responsables con un estilo de vida saludable. Recordad que debemos hablar con ellos como padres... ¡¡No como colegas!!

Claves para una buena relación

Una serie de actitudes pueden resultar valiosas a la hora de acompañar a los hijos en esta delicada etapa de transición:

- *Serenidad.* En un intento de afirmar su personalidad, de entonar su propia voz, como decimos, los adolescentes adoptan actitudes desafiantes, emiten opiniones y comentarios controvertidos y actúan de modo imprevisible. Se trata de provocaciones que buscan asimismo poner a prueba a los adultos, por lo que resulta del todo necesario mantener la tranquilidad y decir serenamente lo que se piensa.
- *Seguridad.* Los adolescentes necesitan que sus padres se muestren seguros en unas cuantas cuestiones importantes (aquí se presenta una buena oportunidad para revisar cuáles son y por qué).
- *Cariño.* Aquel niño que llega del colegio y ya no besa a su madre continúa necesitando afecto (aunque no lo parezca), un afecto basado en escuchar, comprender, interesarse por sus preocupaciones y ayudarle cuanto podamos.
- *Disponibilidad.* Se trata de estar a disposición de los hijos en todo momento (no hablarán cuando sus padres quieran, sino cuando ellos lo decidan, y si entonces los padres se muestran receptivos se abrirá una enriquecedora vía de comunicación).
- *Argumentación.* Otra cuestión que no debe descuidarse es la de la argumentación. El recurso al "porque sí" o al "porque lo digo yo", no da resultado, y sí en cambio las explicaciones razonadas y pensadas previamente.

- *Confianza.* Es un requisito fundamental, porque es el cimiento sobre el cual los hijos construyen su iniciativa, su autonomía y su libertad.

El difícil equilibrio…

El adolescente quiere sentirse independiente y mostrar su identidad propia, pero eso no significa que no nos necesite emocionalmente. El respeto en esta etapa resulta ser el valor fundamental, nuestro hijo necesita ser "él mismo", no sentirse juzgado, no competir contigo en luchas de poder… Los consejos no son necesarios salvo qué nos los pida… sentirá que no puede resolver los problemas por sí mismo si continuamente los empleamos en su presencia. Lo más interesante es escucharlo y empatizar, estar a su lado para comprender todo lo que tiene que decirnos… de esta manera estará receptivo. Para la mayoría de adolescentes esto significa que puedas estar ahí siempre que quiera abrir su corazón. No necesitan que los presiones para hablar, porque no lo harán. Lo que nuestros hijos necesitan es sentirse libres para contar con nosotros cuando lo necesiten. Es importante ayudarles a que desarrollen un sistema de valores propio y que sean responsables. Cuando se muestran responsables y cumplen las normas familiares, es necesario que reforcemos esta conducta mediante el elogio y el reconocimiento verbal.

Para relacionarnos con nuestros adolescentes, es muy importante:

- Utilizar el diálogo en casa. Todos los miembros de la familia podremos decir lo que sentimos, pensamos, opinamos sobre las cosas…. respetando las opiniones de los otros.

- Normas y negociación. Durante la adolescencia, los cambios en el pensamiento hacen que cualquier norma vaya a ser cuestionada y argumentada, de ahí la importancia de la negociación.
- Practicar la empatía. Intentar entender a nuestros hijos, recordar cómo éramos nosotros a su edad, cuáles eran nuestros sentimientos…
- Alabar sus fortalezas. Priorizar lo que nuestro hijo consigue con esfuerzo, sus logros, su valía personal, hará que se sienta seguro y tomado en cuenta.
- Reconocer sus valores. Fomentar su responsabilidad, su compromiso y su toma de decisiones parte de nuestro reconocimiento a su identidad personal.

"Pensar antes de hablar con adolescentes"

- Escucha Activa, para saber hablar es importante escuchar
- No repetir el mismo discurso
- Principio básico para navegar bien por los años adolescentes: "Mantener abiertas todas las líneas de comunicación"
- "Parenting democrático": Enfoque positivo basado en el afecto y el respeto a la autonomía (Apego seguro). Dar apoyo mientras se favorece la exploración (independencia). (Daniel J. Siegel)

Propuesta de Colaboración para la Revista Padres y Colegios. Editorial Siena. Opinión: Cómo poner límites a los adolescentes y mantener una buena relación.

Diciembre 2021

CAPÍTULO 4
No podemos educar "apagando fuegos", es importante pensar la educación de nuestros hijos

¿Por qué «Educar Bien» se ha convertido en un reto actualmente?

Porque cada vez se hace más necesario educar con optimismo. Cuando hablamos de pensamiento positivo, contemplamos las posibilidades agradables y óptimas de cualquier acontecimiento o problema, independientemente de las dificultades que estos lleven consigo. Ante situaciones que quizá no son "tan terribles como parecen" podemos practicar optimismo. Lo contrario a optimismo es pesimismo, el pesimismo o pensamiento negativo sólo nos muestra errores y lamentos. La Escucha Activa y el Feedback son grandes aliados de la positividad.

El estilo de pensamiento, igual que la autoestima y el autoconcepto, se va aprendiendo durante nuestro desarrollo evolutivo, los niños contemplan cómo van reaccionando mamá, papá o las personas de sus entornos más inmediatos ante los problemas que se les presentan.

Un niño optimista se ilusiona con los acontecimientos que van guiando su vida, está motivado y no se imagina que puedan ocurrirle una serie de desgracias encadenadas. En las situaciones más adversas, en un hogar optimista se reflexiona se piensa que los propios errores o fracasos servirán de ejemplo para una posterior superación ("la próxima vez será mejor") y se esfuerza en modificar determinados aspectos que han influido en el resultado no logrado. Un hogar menos optimista (que roza el pesimismo en ocasiones) se aferra a una serie de circunstancias que según sus componentes están lejos de su ámbito de influencia y que, por tanto, no pueden hacer nada para modificarlas y determinar un resultado más beneficioso. Estos últimos se aferra a "no cambiar las cosas", la conocida indefensión aprendida ejemplificada en el magnífico relato de Jorge Bucay, "El elefante encadenado".

Como comentábamos antes, desde pequeños/as aprendemos un estilo de pensar y comenzamos a aplicarlo. Poco a poco empezamos a interiorizarlo, forma parte de nosotros, y cuanto más mayores somos, más nos cuestan sus modificaciones; si desde la infancia se aprende a funcionar en "positivo", se triunfará con más facilidad.

La Escuela de Familias como espacio de planteamiento de dudas o inquietudes

Ser madres y padres es complejo, continuo y gratificante, pero al mismo tiempo difícil porque no tenemos las herramientas necesarias para este trabajo ni "el manual de instrucciones" para afrontar cada situación; se trata de desarrollar un aprendizaje ensayo-error acompañado de sentido común, paciencia, cariño y dedicación. Los padres necesitan de información y formación previa. Aquí es donde una Escuela de Familias ayuda a conocer herramientas y orientaciones útiles que les permitan enfrentar con mayor capacidad la tarea sobrellevar una educación dentro del hogar familiar.

En muchas ocasiones los padres intentamos educar a nuestros hijos siguiendo pautas semejantes a las que recibimos nosotros cuando éramos niños, sin embargo en la actualidad la sociedad ha cambiado vertiginosamente y la familia se ha visto implicada, no ha quedado ajena a estos vaivenes sociales: publicidad, avances tecnológicos, crisis económica, desestructuraciones familiares…

Desde la Escuela de Familias surge la posibilidad de estimular la participación activa y el esfuerzo por contrarrestar los problemas que se presentan en la familia y en la sociedad, se trata de promover una educación preventiva y eficaz, no podemos educar "apagando fuegos", es importante "perder el tiempo" hablando de la educación de nuestros hijos. La Escuela de Familias contribuye al encuentro y reflexión de manera colectiva sobre la tarea educativa que se realiza con los hijos. En la educación no existe un modelo único ni exclusivo, debemos adaptarnos a cada hijo y a sus circunstancias. Madres y Padres, mediante la escucha y presencia activa, participarán y dialogarán aprendiendo unos de los otros y compartiendo experiencias e inquietudes.

¿Cómo usar "preguntas poderosas" y "preguntas fructíferas" en familia?

Las preguntas poderosas se abren multitud de posibilidades que permiten a los más pequeños desarrollar un pensamiento más completo, investigando en ellos mismos y en todas las opciones. Por ello se pueden y deben empezar a hacer desde las primeras edades, a partir de los 3 años con preguntas muy simples para después ir haciéndolas más complejas y abstractas. Gracias a la neuroeducación hemos averiguado que el cerebro y sus conexiones se pueden modificar, reforzar... Es decir, es moldeable.

La neurociencia enseña hoy que el binomio emoción-cognición es indisoluble, intrínseco al diseño anatómico y funcional del cerebro. Este diseño, labrado a lo largo de muchos millones de años de proceso evolutivo, nos indica que toda información sensorial, antes de ser procesada por la corteza cerebral en sus áreas de asociación (procesos mentales, cognitivos), pasa por el sistema límbico o cerebro emocional, en donde adquiere un tinte, un colorido emocional. Y es después, en esas áreas de asociación, en donde, en redes neuronales distribuidas, se crean los abstractos, las ideas, los elementos básicos del pensamiento. (Francisco Mora)

Si comenzamos a usar estas preguntas a partir de esta edad, estaremos creando las conexiones necesarias para que en el futuro puedan pensar de forma más flexible, creativa y resolutiva. Primero las irán interiorizando y, poco a poco, las irán formulando de manera espontánea, haciendo el día a día más satisfactorio.

Hace falta tener tiempo para hacerlas... muestra una actitud curiosa y de interés, profundiza todo lo que puedas, no te quedes con la primera respuesta. Es importante darles espacio para que ellos y ellas escojan y tomen las decisiones, después ya se podrán valorar los resultados de la elección.

Una vez formuladas es importante estar atento a la respuesta verbal, pero también a la no verbal: el tono, los gestos... Las emociones que hay detrás son de vital importancia y dan mucha información sobre el menor.

Conclusiones prácticas del libro

En ocasiones cometemos ciertos errores comunicativos con nuestros hijos, que son precisamente los causantes de los malos comportamientos de estos. Cuando vivimos, por ejemplo, una situación de estrés, nos enfadamos con ellos y nos resulta muy difícil mantener la calma y lograr comunicar nuestro descontento de una forma eficaz y asertiva. No hacerlo puede ser contraproducente con la educación que queremos imprimir a nuestros pequeños, ya que su estado de ánimo depende mucho de cómo sea el nuestro, además de que los niños imitan nuestra conducta, copiando este tipo de reacciones, en lugar de otras más adaptativas que son las que deberían estar aprendiendo.

La forma de pensar, sentir, comportarse, relacionarse, los intereses, las motivaciones de nuestros hijos son diferentes en las diversas etapas evolutivas de la persona. Igual que el conocimiento de nosotros mismos lo vamos adaptando a las circunstancias de la vida presente, a la hora de implantar esta sabiduría tendremos en cuenta que no lo podemos hacer igual en la adolescencia, en la niñez o en la edad adulta.

Aplicar la inteligencia emocional al dirigirnos a nuestros hijos es importante para la gestión de las emociones y la resolución de conflictos. Como padres y madres debemos ser los principales modelos de nuestros hijos, comportándonos con inteligencia emocional. De lo contrario, si empleamos órdenes, sermones y amenazas, los niños piensan: "Ya estamos otra vez con lo mismo…" "Los sermones y las amenazas no son compatibles con una educación preventiva y eficaz para la vida"

La comunicación familiar está íntimamente relacionada con la escucha activa. La educación también consiste en que los niños sepan comunicar lo que les desagrada sin molestar a nadie, con asertividad. El hecho de que sean capaces de adquirir una personalidad única y un criterio propio implica que escuchemos activamente sus experiencias cotidianas. Es necesario que perciban: "Estoy escuchando, me interesa lo que piensas y dices"

Adaptación del guión de la entrevista para Educar es Todo: No podemos educar "apagando fuegos", es importante pensar la educación de nuestros hijos. El guión está basado en mi libro: "Escuela de Familias, autocuidado y gestión de energía cuando vivimos con niños" Editorial Círculo Rojo

Enero 2022

CAPÍTULO 5
¿Por qué suspenden los niños con Altas Capacidades?

Los niños superdotados, al contrario de lo que se suele pensar, también suspenden. De hecho, se calcula que el 50% de los superdotados abandona la escuela por fracaso escolar

De todas las falsas creencias difundidas sobre las altas capacidades, una de las más extendidas es aquella que asocia las altas capacidades con el alto rendimiento académico. Y esta asociación fue la que hizo la semana pasada el escritor Juan del Val en una de sus colaboraciones habituales en el programa 'El hormiguero'. Asociación que le ha costado una denuncia ante el Defensor del Pueblo y un aluvión de críticas.

«Cuando un niño suspende ahora los padres dicen: "No, mi hijo suspende porque es superdotado". A lo mejor no. "No, es que como es tan inteligente, es que se aburre". No hay ninguno que suspenda porque es un vago, no, es que tiene altas capacidades»", decía Juan del Val durante su intervención en el programa.

Más allá de entrar en la polémica sobre la idoneidad de sus palabras, queremos aprovechar para desmontar este mito tan extendido. Y hablamos de mito porque, según recoge el Informe Nacional sobre la educación de los superdotados 2020, elaborado por Fundación El Mundo del Superdotado, "el 50% de los superdotados abandona la escuela con fracaso escolar".

Si bien es verdad que hay un porcentaje de niños y niñas con altas capacidades que tienen un alto rendimiento académico, hay muchos, muchísimos que no. Los motivos son variados, nos dice la educadora y autora del libro 'Altas capacidades, educando para el éxito' Ana Roa García."Los niños y niñas suspenden por múltiples factores, no solo por su inteligencia. Por tanto, por supuesto que un niño con altas capacidades pueden suspender. El fracaso escolar en niños de alta capacidad llega cuando no se encuentran comprendidos. Son niños que se autoexigen mucho y tienen miedo, incluso, a decepcionarse a sí mismos por no llegar a las metas que se proponen. Necesitan un ambiente en el que se sientan cómodos y, especialmente en la escuela, necesitan un docente que tenga formación y sepa guiarles, les rete…", asegura Ana Roa.

Cerebro distinto, diferente forma de aprender

Gracias a la investigación y a las modernas técnicas de neuroimagen, sabemos que el cerebro del niño con altas capacidades es diferente en morfología y funcionalidad respecto al cerebro del niño normotípico. Entonces, no es tan difícil entender que un cerebro que es diferente aprende también diferente. Esta conclusión ha llevado a muchos expertos, entre ellos el psicólogo estadounidense y autor del la Teoría triártica de la inteligencia Robert Jeffrey Sternberg, a concluir que "los niños superdotados utilizan formas diferentes de resolución de los problemas y tienen formas diferentes de aprendizaje".

Entonces, la pregunta que hay que hacerse no es cómo hacer para que el superdotado se adapte a los métodos de aprendizaje que la escuela ha diseñado para los niños que se encuentra en la media desde el punto de vista de potencial cognitivo, sino entender cómo aprende el cerebro del niño excepcionalmente dotado y ofrecer una respuesta académica acorde con su demanda.

"La escuela está cada vez más cerca de esta demanda. De hecho, los niños con altas capacidades están dentro del grupo de niños de diversidad educativa, los cuales necesitan una atención específica, que ese currículum tan rígido se adapte a ellos y a sus características".

Es fácil comprender que no le podemos pedir al niño con un retraso en el desarrollo que alcance estándares de normalidad o que aprenda al mismo ritmo y manera que los no afectados por ningún retraso, tampoco se lo podemos pedir al superdotado. "La educación no admite trajes de tala única", concluye Ana Roa.

Colaboración en Educar es Todo acerca de la polémica de Juan del Val: ¿por qué suspenden los niños con altas capacidades?

Febrero 2022

CAPÍTULO 6
Relaciones Familia-Escuela

Hace ya bastantes años, la familia era considerada como aquella institución encargada de la socialización de los niños y la escuela, por su parte, se erigía como la responsable de la enseñanza y transmisión de conocimientos. No obstante, en las últimas décadas, la escuela ha empezado a asumir importantes aspectos sociales que antes correspondían a las familias y el avance tecnológico ha permitido que el aprendizaje (tradicionalmente realizado en el centro educativo) se desarrolle en otros entornos, entre ellos el familiar.

Actualmente las relaciones familia-centro se plantean desde la complementariedad y están condicionadas por la necesidad esencial de mejora de los procesos y resultados educativos. Muchos expertos defienden que la implicación de las familias en la vida académica consigue la obtención de mejores resultados por parte de los niños disminuyendo el absentismo y el fracaso escolar; es el tan nombrado enfoque de "implicación parental" que profundiza en la calidad educativa y menciona un sistema de cooperación fructífero entre ambas instituciones. De hecho, ante la gran responsabilidad que supone la tarea de educar, la labor de las familias y del centro no puede ser distinta, sino confluir en metas cercanas.

Qué hacer desde la escuela para no descuidar la relación con las familias:

- Mantener abiertos los canales de comunicación con las familias permanentemente (correo electrónico, plataformas digitales internas, teléfono…)
- Planificar encuentros de convivencia con el fin de promover una relación basada en la confianza y respeto mutuos.
- Escuchar activamente a las familias mostrando interés por sus asuntos y favoreciendo el diálogo social como pilar básico de calidad educativa.

Qué hacer desde la familia para no invadir las competencias educativas de la escuela:

- Mantener una comunicación basada en la prudencia con el tutor o tutora de nuestro hijo.
- En caso de conflicto, evitar situaciones en las que se ponga en duda la autoridad del profesor/a ante nuestro hijo procurando conocer todos los puntos de vista.
- Participar en las actividades que organiza el centro educativo para la comunidad educativa o específicamente para las familias, reafirmando el compromiso de convivencia y respeto entre ambas instituciones.

En Secundaria, ¿hay lugar para las familias?

Por supuesto. Durante esta etapa, es muy necesario un trabajo conjunto entre el instituto y las familias para llegar a un entendimiento común formando parte de un mismo proyecto educativo. El rol de las familias en Secundaria implica el avance hacia un nuevo programa que vincule a toda la comunidad educativa, aspecto básico e indispensable para la mejora del aprendizaje de los/las adolescentes.

Colaboración en el suplemento del diario ABC (Guía Avanza Especial Colegios) Relaciones Familia-Escuela

Febrero 2022

CAPÍTULO 7
"Mandamientos de la Familia Feliz" (Primera parte)

En estos nuevos tiempos y ante la situación que estamos viviendo, la convivencia en el hogar se ha convertido en algo bastante más frecuente a lo que conocíamos anteriormente a la pandemia, frenando ese ritmo rápido de vida que compartíamos gran parte de las familias. Para algunos este cambio ha supuesto cumplir sus deseos, pues disponen de más tiempo en casa y así disfrutan de los niños; pero para otros ha resultado complejo, ya que se pueden perder los estribos fácilmente debido a que los hijos pasan bastantes ratos más de lo habitual en casa. La familia es un buen refugio emocional, un lugar seguro... todos deseamos vivir en un grupo estable y saludable, con un sentido de pertenencia y con una comunicación agradable y respetuosa.

Primer mandamiento, "hablaremos con nuestros hijos"

Con mucha frecuencia los padres queremos que los hijos nos digan lo que nosotros deseamos oír y eso no es una escucha activa. Otras veces deseamos justificarnos o dar nuestras propias razones y eso tampoco es escucha activa. El saber escuchar requiere tiempo.

El diálogo no es concebible si no se sabe escuchar, es necesaria una escucha activa.

Las cosas son complejas, también en la familia, y el escuchar, aparte de enriquecer nuestro juicio cara a una correcta decisión, nos permitirá conocer mejor la actitud y el punto de vista de nuestros hijos, a la vez que les damos la oportunidad de que nos expongan su parecer. Y eso es lo único que ellos desean: ser escuchados.

Segundo mandamiento, "estableceremos normas y límites"

La autoridad empática es la facultad legítima de gestionar los conflictos que los hijos e hijas no pueden afrontar, poniéndose en el lugar del otro y respondiendo así a sus necesidades e intereses. La autoridad empática es saber decir No, de forma amable y respetuosa con las emociones, pero firme y coherente con las conductas. (Guía práctica para padres y madres. Resolución positiva de conflictos. CEAPA, Antonio Ortuño Terriza)

Para decir No es necesario que el adulto tenga el control, y sepa ejercer la autoridad, con empatía. El objetivo de decir No a nuestros hijos e hijas No es que nos hagan caso, sino que aprendan el autocontrol necesario para decirse No a sí mismos en un futuro. Ayudar a ese cerebro a anticipar los riesgos para saber gestionarlos.

Tercer mandamiento, "no sobreprotegerás a tus hijos"

Sobreproteger, el querer "hacer la vida más fácil", puede desembocar en que el niño muestre un comportamiento dependiente, introvertido, sin fuerza de voluntad, con alto grado de tiranía, donde busca la obtención de ayuda inmediata que le conduce a exigir en cada momento la satisfacción de sus demandas, renunciar a las propias responsabilidades, necesitar la continua ayuda y aprobación para actuar, "no realizar esfuerzos", la inseguridad... en muchos casos los adultos fomentan las conductas más infantiles de lo que corresponde a la edad. Los niños no son autónomos porque determinadas cosas se las hacen sus padres, "les sale mejor" (desconfianza) y "tardan menos tiempo" (impaciencia). El resultado futuro, una personalidad débil e insegura, el desarrollo de ansiedad o de angustia de separación, y el miedo "a crecer".

Cuarto mandamiento, "conocerás a los amigos de tus hijos"

La figura de los amigos es fundamental para el propio desarrollo de la identidad de los niños, contribuyen a sentar las bases de aprendizaje de los límites, son útiles para aprender el significado de respeto y para el desarrollo de la intimidad emocional...

La importancia de la comunicación. La calidad de la comunicación padres-hijos es crucial cuando el niño o la niña han entablado una amistad poco favorable. Ayudar a los hijos a comprender que los adultos e incluso los niños están sujetos a la influencia de los amigos, tener un mejor entendimiento de este proceso y de las emociones relacionadas con las presiones de las amistades, les capacitará para resistir las malas influencias. Desde el punto de vista práctico, no se puede alcanzar una perfecta comunicación de una forma instantánea, ni podemos conseguir que los niños nos cuenten todo aquello que les preocupa de un día para otro; lo lógico es empezar por temas intrascendentes, del día a día, sin fuerte carga emocional... pero que sirvan para ir estableciendo una especie de rutina de intercambio de opiniones, de escucharse mutuamente y que en ese proceso se vaya afianzando la confianza necesaria para poder llegar a tener conversaciones más francas y profundas.

No criticaremos a los amigos, criticaremos su mala conducta. Una vez expuesta la acción, trataremos de encontrar la causa y la discutiremos…, los niños se dejan llevar por la presión de los amigos y, en muchas ocasiones, carecen de la confianza necesaria para resistirse a su influencia y además se ponen a la defensiva.

Quinto mandamiento, "aceptarás a tus hijos tal y como son"

Los padres que tienen asimilado que tanto los niños mayores como los pequeños tienen algún grado de capacidad para compartir con los demás, cuidarles y quererles, tienen avanzado un paso muy importante para evitar tiranteces y discusiones frecuentes. La hiperprotección hacia los más pequeños, las continuas comparaciones que dejan de lado las cualidades individuales de cada niño, sus deseos y sus capacidades no ayudan mucho al desarrollo de posturas que faciliten la resolución de los conflictos a través de la comunicación y el perdón. Lógicamente los padres buscan y a menudo encuentran puntos en común de ellos mismos con sus hijos, y eso fomenta cierta discriminación desde el punto de vista de la simpatía que provoca la identificación en diversos aspectos; esto no obstante no supone ningún problema siempre que exista cierto equilibrio en este reparto de simpatía, siempre que se valoren la cualidades individuales de cada uno sin caer en las falsas comparaciones y además se aprecie todo lo positivo de su comportamiento y disposición para hacer las cosas.

El niño define su identidad y asume su rol social en función de su entorno. Los hermanos y su orden de nacimiento jerarquizan el primer grupo en comunidad, la familia. La posición y las relaciones de un hijo dentro de la secuencia de hermanos son significativas para la resolución de conflictos y la formación de la personalidad desde el principio y en etapas posteriores. De hecho, si pensamos en nuestra infancia, reconoceremos cómo nos ha marcado nuestra forma de ser el hecho de tener un hermano mayor o más pequeño, ser el benjamín de la familia, ocupar un lugar único…

Colaboración para la Revista Padres y Colegios nº 162. Editorial Siena. Opinión: "Mandamientos de la Familia Feliz I"

Octubre 2022

CAPÍTULO 8
"Mandamientos de la Familia Feliz" (Segunda parte)

Sexto mandamiento, "leerás con tus hijos"

Al principio los niños nos necesitan (ellos no son lectores autóno-mos), quieren que nos sentemos a su lado y leamos juntos. De este modo observarán los textos escritos, sus ilustraciones, pasarán las pá-ginas…, se introducirán en el mundo mágico de las letras a través de cambios de voz, según los personajes del relato, y convendrá que sean historias breves y disfrutadas por toda la familia (se fomenta con ello la idea del "Todos Juntos"). Así, con la práctica, los pequeños se sen-tirán dueños del ritmo y de los sonidos de las palabras, entonando poemas e incluso inventando canciones relacionadas con los cuentos; de este modo, el niño empezará a ser "un lector activo".

Cuando los niños crecen y se van convirtiendo en chicos, cual-quier actividad es buena para leer: Cocinar un delicioso postre y leer su receta, preparar el itinerario de una excursión con mapas y horarios secuenciados, conocer las noticias del periódico, saber qué moda es la que se llevará esta estación… Los niños nos imi-tan, si manejamos continuamente libros, periódicos o revistas, nos convertiremos en los "mediadores" entre ellos y la lectura. A veces, cuando pensamos que ya son mayores para escuchar nuestras historias y seguir compartiendo lectura, es muy probable que estemos equivocados, dado que ellos necesitan nuestra estimulación continuamente; llevarlos a la biblioteca de nuestra zona y animarlos a que vayan a la del colegio, será otro de los pilares básicos para saborear un libro apetecible.

Séptimo mandamiento, "fomentarás la buena autoestima de tus hijos"

Los niños con una buena autoestima suelen tener confianza en sí mismos y en su capacidad para hacer las cosas, se responsabilizan de sus propios actos, colaboran con el grupo y tienen ganas de aprender y de hacer cosas nuevas. Estos comportamientos son muestra de un proceso de construcción de buena autoestima, aunque siempre hay que estar atentos a que esa evolución se mantenga pues los problemas podrían aparecer en cualquier momento. Por ello hay que estar atento a frases del estilo "todo me sale mal", "no me quiere nadie", "no valgo para nada", pues son frases que pueden llegar a dañar la autoestima del niño; observar si tiene una visión objetiva de las cosas y si se centra en lo negativo y lo magnifica ("esto sólo me pasa a mí, ya sabía que iba a llover, siempre me sale todo mal "). Ante situaciones así, es bueno hacerle reflexionar, decirle que si se pone a llover, llueve para todo el mundo, con la finalidad de que no personalice todo lo negativo que ocurre a su alrededor, y hacerle ver que todo tiene varios puntos de vista y que los "malos momentos" son pasajeros, pues antes y después de ellos las cosas son distintas.

Octavo mandamiento, "fomentarás la autonomía de tus hijos"

Muchos de nosotros solemos anticiparnos a las acciones de nuestros hijos y no les permitimos actuar o a hacer algunas otras cosas que podrían hacer solos. Creemos que aún no tienen capacidad de autonomía y asumimos responsabilidades que son suyas por evitar que se hagan daño, por comodidad para conseguir resultados más rápidos o porque no confiamos en su capacidad reacción.

Los niños aprenden a ser autónomos a través de las pequeñas actividades diarias que desarrollarán en casa, en la guardería o en el colegio y desean crecer, quieren demostrar que son mayores en todo momento; nuestra misión como padres se basa en potenciar tareas que ayuden a los niños a demostrar sus habilidades: Colocar los cubiertos en la mesa, recoger su habitación o comer solo son acciones que ayudarán a los niños a situarse en el espacio en que viven y a sentirse útiles y partícipes dentro de su propia la familia. Todos los niños pueden ser educados en la autonomía, pero no todos los niños son iguales, cada uno desarrolla las capacidades de una forma distinta. Podemos pedir que todos "hagan lo mismo" pero sin esperar "los mismos resultados"; conocer la evolución de nuestros hijos y prestar ayudar proporcionalmente a su nivel madurativo nos orientará a la hora de evitar solucionarlos la tarea cuando ellos sean capaces de realizarla solos.

Cuando escuchemos: "Quiero hacerlo solo… ¡qué ya soy mayor!, respetaremos su decisión y recordaremos que una mayor autonomía implica una mejora notable de la autoestima.

Noveno mandamiento, "educarás en la gratitud"

Cuando hablamos de "gratitud" utilizamos un lenguaje positivo. Nos centramos en las emociones positivas que sentimos y en las cosas buenas que nos suceden… en definitiva, nos sentimos agradecidos por lo que tenemos. La gratitud implica detenerse para darse cuenta y valorar aquello que damos por sentado en el día a día como tener un hogar donde vivir, comida, amigos, familia... Se trata de dedicar un momento a reflexionar sobre lo afortunados que somos cuando nos ocurren cosas buenas, ya sean pequeñas o de gran magnitud. Cuando estamos agradecidos, también no sentimos felices, tranquilos, alegres, amables y cariñosos.

La gratitud va unida a la satisfacción vital e incrementa nuestro grado de sociabilidad y afectividad porque funciona en dos direcciones (aquel que da gracias y aquel que las recibe), además es común en todas las edades. Al contrario de lo que muchos piensan, para los adolescentes la gratitud es un sentimiento fundamental porque se solapa con la satisfacción e integración en la comunidad de iguales. Cuando en la adolescencia se siente y se expresa una gratitud y un reconocimiento sincero, se generan vínculos afectivos, aparece la confianza y la cercanía a los demás.

Décimo mandamiento, "potenciarás el respeto en la familia"

En nuestra sociedad democrática donde las personas deben ser capaces de tomar decisiones y pensar por sí mismas, la familia democrática constituye la base de la responsabilidad y del sentimiento de equipo. Cuando los niños son pequeños, los padres tienen la responsabilidad total de su cuidado y protección, pero a medida que crecen y maduran pueden empezar a compartir esta autoridad y esta responsabilidad sin dejar de guiarlos y protegerlos como les corresponde. En el estilo educativo democrático los padres son consejeros y entrenadores de sus hijos. La autoridad está fundamentada en el diálogo, las necesidades de todos los miembros de la familia se consideran importantes, padres e hijos son sujetos activos y responsables de su propio proceso educativo.

Colaboración para la Revista Padres y Colegios nº 163. Editorial Siena. Opinión: "Mandamientos de la Familia Feliz (Segunda parte)"

Noviembre 2022

CAPÍTULO 9
El proceso de toma de decisiones y su desarrollo en la infancia

El proceso de toma de decisiones comienza en la infancia y permite el desarrollo de la capacidad crítica y de discernimiento, la empatía, la responsabilidad y la gestión de conflictos. Como padres y madres acompañaremos a nuestros/as hijos/as para que sepan gestionar esta capacidad tan poderosa y pierdan el miedo. Las decisiones van a tener mucha importancia en la vida de nuestros hijos, cuanto antes aprendan a decidir de manera adecuada más elevado será su nivel de autonomía.

A la hora de explicar a los niños en qué consiste la toma de decisiones utilizaremos un lenguaje sencillo basado en ejemplos cotidianos donde se elija una opción entre las disponibles para resolver un problema que se pueda presentar. Son ellos quienes tienen que ir decidiendo… ¡papá y mamá dejaremos de tomarlas todas!

Técnicas para aprender a tomar decisiones

- En primer lugar preguntaremos al niño qué quiere. Puede que tenga dudas, quizá lo sepa o quizá no…

- Acompañaremos su análisis con unas instrucciones-guía, siempre desde la paciencia y la comprensión:

    -¿Qué quiero o deseo?

    -¿Qué opciones tengo para conseguirlo?

    -Analizo cada alternativa dentro de las posibilidades teniendo en cuenta sus beneficios y consecuencias buenas o no tan buenas

    -Pienso cuál elegir (puedo dibujar o representar la que más me guste)

    -Me decido y visualizo mi decisión autónoma

    -En caso de equivocarme, repetiré el proceso y buscaré otra opción desde mi responsabilidad

- Un ejemplo: *"A Sara le han dado sus abuelos 8 €. Quiere comprarse un gorro como el que llevan sus amigas que cuesta 5 €, pero también quiere guardarlo en su hucha y esperar a reunir el dinero que necesita para comprar un nuevo juego..."*

Cómo ayudar a los más pequeños en la toma de decisiones

- Comenzar por decisiones muy sencillas y de poca importancia.
- Utilizar ejemplos en lo que aparezcan adultos y niños tomando decisiones cotidianas.
- Hacerles entender que pedir ayuda es algo positivo y no algo que supone una falta de esfuerzo.
- Ayudarles a aprender de los errores, a ser firmes ante ciertos fracasos para poder intentarlo de nuevo.
- Enseñarles a convivir con el cambio y a perder el miedo a tomar decisiones.

- Trabajar su autoconcepto, imagen positiva y autoestima sana para que sepan cómo son y se sientan empoderados a la hora de conseguir lo que se propongan.
- Procurar que vayan tomando decisiones desde la infancia para que conozcan el riesgo de equivocarse y se sientan satisfechos ante los aciertos.

Colaboración en Heraldo de Aragón (sección escolar), El proceso de toma de decisiones y su desarrollo en la infancia

Noviembre 2022

.

CAPÍTULO 10
El desarrollo del pensamiento crítico durante la infancia

El pensamiento crítico permite a los niños tener más conciencia social y anticipar acontecimientos actuando ante ellos con autonomía y responsabilidad, así como ser más flexibles a nivel cognitivo y ante distintos puntos de vista. Pensar de forma crítica favorece la motivación y la curiosidad por aprender, pues convierte al niño en el protagonista de su aprendizaje y no en un mero receptor de la información. En definitiva, se trata de pensar de forma racional teniendo en cuenta todas las posibles opciones y las consecuencias derivadas de éstas, sin dejarse llevar por las emociones, lo que es una ventaja a la hora de resolver problemas y tomar decisiones.

Vivimos en un mundo inmerso en la innovación tecnológica, adultos y niños tenemos infinita información a la que acceder "a golpe de click" y en numerosas ocasiones nos preguntamos si nuestros hijos son capaces de diferenciar entre la información que es relevante y la que no o si distinguen aquellas fuentes que son fiables de las que no lo son. A veces, nuestras reflexiones son aún más profundas y cuestionamos si saben tomar decisiones o si desarrollan opiniones propias basadas en el contraste de informaciones.

Cuando hablamos de pensamiento crítico nos referimos al proceso intelectual que se realiza de manera consciente y que nos permite pensar de manera analítica, evaluar, interpretar y explicar la realidad de manera objetiva; de esta manera estamos receptivos a la información y la cuestionamos si tenemos dudas para tomar la decisión correcta.

Cada vez se hace más necesario dotar a nuestros niños de recursos para desarrollar la capacidad de aprendizaje. El pensamiento crítico saber analizar, reflexionar, comparar, discernir, explicar, decidir... sobre los contenidos a los que accedemos.

Los tres pilares del pensamiento crítico

Nuestros hijos están tomando pequeñas decisiones continuamente guiados por la intuición o por sus sentimientos... Si potenciamos su pensamiento crítico podrán manejar la ingente cantidad de información y clasificarla separando lo importante de lo secundario. Este requisito es fundamental en nuestra sociedad digital, en la que estamos expuestos a un enorme torrente de contenido de todo tipo, especialmente "fake news" Si desde pequeños desarrollan la capacidad de cuestionarse la realidad y examinarla a fondo, llegarán a la edad adulta con una mayor madurez intelectual.

Cuando hablamos de pensamiento crítico, encontramos tres pilares fundamentales:

- Profundizar en los datos informativos para comprender su significado real.
- Enfocar los hechos o situaciones desde varias perspectivas.
- Tomar una decisión con autonomía y responsabilidad.

En el hogar, es muy importante:

- Fomentar en nuestros hijos el interés por el conocimiento del máximo número de temas posibles.
- Ayudarles a comprender el mundo que nos rodea mediante noticias cotidianas adecuadas a su edad, películas y/o documentales.
- Animarlos a argumentar sus puntos de vista debatiendo temas, intercambiando los roles y tomando diferentes posiciones, analizando anuncios de la televisión con sus imágenes y mensajes, descubriendo publicidad engañosa.
- Fomentar valores como la empatía, la justicia, la igualdad, el respeto y la tolerancia, la libertad, la honestidad, la responsabilidad o la humildad.
- Practicar la toma de decisiones organizando y decidiendo juntos sobre actividades cotidianas, como la lista de la compra, el reparto de tareas, las normas del hogar, las actividades de ocio…

¿Se puede aprender la habilidad de poseer un pensamiento crítico?

Todos pueden aprender habilidades de pensamiento crítico. Es cierto que encontramos niños curiosos por naturaleza que se cuestionan las cosas de forma natural; no obstante, nosotros desde casa podemos plantear actividades como:

- Servir de modelo ante la resolución de un problema o situación compleja.
- Responder "sus porqués" de manera indirecta: Siempre que pregunten el porqué de algo es importante no responderlo

de forma directa, sino preguntarles qué creen ellos para que primero obtengan sus propias conclusiones.

- Promover preguntas abiertas, poderosas y fructíferas para favorecer el proceso de pensamiento.
- Realizar actividades de observación en las que tengan que responder a través de pequeños detalles. Por ejemplo, pedirles que observen bien un dibujo sobre una situación que permite diversas interpretaciones y preguntarles: ¿qué creéis que está ocurriendo aquí?
- Antes de comenzar la lectura de un libro hacerles preguntas para que sean conscientes de la información previa que conocen acerca del tema que trata y, al terminar de leer una lectura, preguntar qué sabían antes y qué saben ahora o si ha cambiado algo de lo que pensaban.
- Permitir que aprendan mediante la búsqueda de información en distintas fuentes, después analizarla y resolver las dudas que les surjan.
- Ayudarles a comprender conceptos de forma detallada. Por ejemplo, podemos pedirles que busquen una palabra en el diccionario para después preguntarles qué significa para ellos ese concepto y pedirles que lo apliquen en algún ejemplo.
- Entrenarlos en la resolución de problemas cotidianos: ayudarle a identificar el problema, hacer una lluvia de ideas sobre todas las posibles soluciones posibles, pensar las ventajas e inconvenientes de cada una de ellas y decidir cuál es la mejor opción final.
- Realizar debates acerca de temas controvertidos en los que tengan que defender su postura, pero también la postura

contraria, con argumentos y no solamente con opiniones o creencias.

- Enseñarles a comparar y contrastar cosas.
- Permitirles decidir de manera autónoma para que aprendan a asumir la responsabilidad de sus propias decisiones.
- Analizar y comparar una noticia desde diferentes perspectivas ya sea con diarios, distintos canales de televisión, la radio…
- Plantear un debate a partir de la lectura de un libro, de un artículo, de la visualización de un vídeo de una situación compleja… El debate permite que argumenten la posición que han escogido.

**Colaboración blog En Familia (Asociación Aragonesa de Psicopedagogía)
El desarrollo del pensamiento crítico durante la infancia**

Enero 2023

CAPÍTULO 11
Consejos para las familias a la hora de tomar una decisión y acertar con el colegio elegido, tanto para iniciar ciclo como para cambiar de centro

Pensar en el comienzo en un nuevo colegio genera cierta ansiedad e incertidumbre en las familias, aunque se realice en el momento de finalizar un ciclo y comenzar uno nuevo. Lo más importante es poder ayudar a nuestros hijos con serenidad a superar adecuadamente este momento de transición, pues se trata de una decisión que requiere evitar dramatismos o angustias innecesarios ya que el factor azar está presente, por mucho que queramos "llevar todo muy bien atado". Lo deseable es pensar en el estado de satisfacción de nuestro/a hijo/a en el nuevo centro educativo o en el ciclo que comienza.

En primer lugar, aunque nosotros consideremos que el nuevo colegio es el más adecuado para la educación de nuestros niños, es necesario explicarles las razones de cambio procurando que nos entiendan, adaptándonos siempre a su nivel de comprensión. Les animaremos a compartir todas las dudas que puedan surgir en estas explicaciones y a expresar ciertos miedos, expectativas...

Es conveniente plantearse un colegio adaptado al perfil de nuestros hijos, en la medida de lo posible. Si el niño tiene dificultades de aprendizaje o déficit atencional, le beneficiará un centro en el que la educación sea lo más individualizada posible, igualmente si no tiene muy desarrolladas las habilidades sociales. En cualquier caso, nuestra actitud será positiva y les anticiparemos que disfrutarán de nuevos compañeros y experiencias. Es evidente, que como padres y madres, nuestro objetivo es ayudar a crecer a nuestro/a hijo/a, por ello, es importante obtener la mayor información posible del nuevo centro y valorar apartados como:

- Proyecto Educativo
- Metodología específica de atención a la diversidad
- Plan de Convivencia
- Tradición académica
- Bilingüismo
- Equipamiento y dotación tecnológica
- Coste económico
- Distancia a nuestro domicilio
- Horario extracurricular que permita la conciliación familiar
- Etapas educativas que se imparten
- Instalaciones

Para los apartados anteriores necesitamos opiniones reales y fiables además de analizar con detenimiento todos y cada uno de los elementos, sin valorar en exceso ninguno de ellos. Nuestra decisión contemplará aspectos racionales y emocionales, por lo que completar una plantilla con los beneficios e inconvenientes de cada colegio que vamos seleccionando, puede ayudarnos a tomar una decisión final de la que estemos convencidos.

Como conclusión: Lo adecuado es encontrar un centro que sea socialmente equiparable a la realidad que nuestro hijo vive en el hogar familiar, de tal manera que familia, docentes y alumnos puedan cooperar y enriquecerse mutuamente dentro de la comunidad educativa.

Colaboración en el suplemento del diario ABC (Guía Avanza Especial Colegios).
Consejos para las familias a la hora de tomar una decisión y acertar con el colegio elegido, tanto para iniciar ciclo como para cambiar de centro.

Febrero 2023

CAPÍTULO 12
"De autora a lectora"

Soy Ana Roa, pedagoga y escritora enamorada de la "EDUCA-CIÓN CON MAYÚSCULAS" desde hace muchos años. Este romance continúa, es un compromiso a largo plazo y la última de sus muestras se materializa en un libro que he decidido titular "Cómo Educar en la Cultura del Esfuerzo".

Después de preguntar a muchas personas qué significaba para ellas la palabra "esfuerzo", llegué a la conclusión de que se trataba de un valor en desuso, incluso inexistente en numerosos contextos hoy en día. Pero, siguiendo "el cambio de mirada" que pretendo iniciar con esta obra, puedo decir que el esfuerzo posee muchos matices y ofrece perspectivas diferentes; mientras algunos lo perciben como desgaste o cansancio y deciden desterrarlo de su día a día, otros lo asocian al logro de resultados satisfactorios.

Testimonialmente diré que la fuerza de voluntad siempre ha sido y sigue siendo el motor de mi vida, creo firmemente en la constancia. Desde muy pequeñita he sido muy tenaz, positiva y optimista… las quejas no formaban parte de mi lenguaje; por ello, ahora que estoy en una etapa de mi vida más madura, este libro resume en sus tres bloques la indiscutible importancia del proceso frente al resultado en cualquier acción de nuestra vida, justo una visión muy diferente a la de una sociedad que, por desgracia, funciona a "golpe de clic".

Como experta en Educación Emocional, puedo decir que el esfuerzo está relacionado íntimamente con la autoestima y con la motivación intrínseca. Estas últimas están alejadas del elogio fácil que muchas veces empleamos pero se encuentran cerca de la actitud alentadora ante los pequeños éxitos conseguidos a diario. Si los niños consiguen siempre lo que quieren de nosotros para evitarles "sufrimientos" (porque nos cuesta mucho verles llorar, porque estamos cansados de escucharlos…) no favorecemos la gestión de sus emociones y contribuimos a posibles problemas de conducta en el futuro.

"La cultura social", "el compromiso" y "el esfuerzo" vertebran este libro, cuyo uno de sus retos es ayudarnos a estructurarnos interiormente para cumplir nuestras obligaciones. Es necesario que la familia y la escuela faciliten que los niños puedan dar voz a sus necesidades, gustos e intereses y permitirles ser críticos. Es decir, contemplar a nuestros pequeños como seres activos y no como seres pasivos influenciados por el consumismo; porque el niño, consumista desde su más tierna infancia, parece que pierde el interés por aquellos juegos en los que el triunfo es un logro conseguido con esfuerzo, en los que cuesta llegar al final, "mejor que me lo cuenten a que yo tenga que descubrirlo". Los juguetes se convierten para él en materiales que se desechan con facilidad, y esto, al final fomenta cierto grado de ansiedad.

Ante esta situación, ¿qué hacemos los adultos?... podemos empezar a impulsar el desarrollo del pensamiento crítico, por ejemplo.

Cuando hablamos de pensamiento crítico nos referimos al proceso intelectual que se realiza de manera consciente y que nos permite pensar de manera analítica, evaluar, interpretar y explicar la realidad de manera objetiva; de esta manera estamos receptivos a la información, y la cuestionamos si tenemos dudas para tomar la decisión correcta. Pensar de forma crítica favorece la motivación y la curiosidad por aprender, ya que convierte al niño en el protagonista de su aprendizaje y no en un mero receptor de la información. Se trata de pensar de forma racional teniendo en cuenta todas las posibles opciones y las consecuencias derivadas de éstas, sin dejarse llevar por las emociones, lo que es una ventaja a la hora de resolver problemas y tomar decisiones. En definitiva, el pensamiento crítico permite a los niños tener más conciencia social y anticipar acontecimientos actuando ante ellos con autonomía y responsabilidad, así como ser más flexibles a nivel cognitivo y ante distintos puntos de vista. Creo que cada vez se hace más necesario dotar a nuestros niños de recursos para desarrollar la capacidad de aprendizaje, y en esta línea el pensamiento crítico implica profundizar en los datos informativos para comprender su significado real, enfocar los hechos o situaciones desde varias perspectivas y/o tomar una decisión con autonomía y responsabilidad.

Por otra parte, la evolución sociocultural de las últimas décadas parece que deja poco espacio para otro valor muy importante e íntimamente relacionado con el esfuerzo: el compromiso. Comprometerse implica cumplir con cualquier actividad o tarea pactada con anterioridad y es esencial para el progreso tanto educativo como social. Los niños necesitan tener presentes una serie de objetivos que les conducirán a metas académicas con mayor motivación y desempeño. Si preguntamos a nuestros hijos o alumnos cuál sería su nivel de compromiso para cuidar, por ejemplo, una mascota, quizá su respuesta sería muy positiva y utilizarían términos absolutos como "la cuidaría siempre" pero realmente ¿conocen el significado de constancia y/o perseverancia?

Os dejo unos breves apuntes introductorios, "es clave":

- Tolerar sus errores porque el esfuerzo está acompañado de las equivocaciones y "no pasa nada".
- No Infravalorar sus esfuerzos y sus progresos, quizá puede implicar frustración y abandono por su parte.
- Celebrar los éxitos que van consiguiendo en el camino, pues focalizarse en estas victorias parciales ayuda más que centrarse solamente en el resultado final.
- Ayudar a que encuentren soluciones y respuestas utilizando la pregunta "¿para qué?" basada en el presente.
- Enseñar a que cuiden los detalles y conozcan el valor de las cosas
- Ayudar al control de su impulsividad y su poca paciencia
- Enseñar a que comprendan el significado de "perseverancia", ya que no todo puede ser "aquí y ahora"
- Celebrar sus logros y hacerles comprender que los errores cometidos están en el camino que recorren y pueden convertirse una fuente de aprendizaje
- Orientar sus avances mejor que imponer nuestras directrices

Cómo Educar en la Cultura del Esfuerzo en Magasin (periódico El Español) Sección "de autora a lectora".

Abril 2023

CAPÍTULO 13
Cómo criar y educar en la cultura del esfuerzo

¿Está el esfuerzo en desuso en la crianza? ¿Tienden más los padres de hoy en día a facilitar el camino a sus hijos y a dárselo todo hecho?

Actualmente debido al ritmo frenético, la ansiedad y las prisas del día a día, los padres intentamos compensar cualquier deseo o necesidad de los hijos con cierta desmesura evitándoles cualquier dificultad o contratiempo. El resultado es una percepción errónea del niño que se cree incapaz de resolver los problemas por sí mismo. Protegiendo en exceso podemos perjudicar mucho más que beneficiar; debemos tener en cuenta que nuestro hijo/a no vive aislado, está en situación de riesgo, expuesto a peligros que debe afrontar y que le servirán de trampolín para seguir evolucionando en su desarrollo personal.

¿Cómo les afecta eso?

Puede desembocar en un comportamiento dependiente, introvertido, sin fuerza de voluntad, con alto grado de tiranía, donde busca la obtención de ayuda inmediata que le conduce a exigir en cada momento la satisfacción de sus demandas, renunciar a las propias responsabilidades, necesitar la continua ayuda y aprobación para actuar, no realizar esfuerzos, mostrarse inseguro… en muchos casos los adultos fomentamos las conductas más infantiles de lo que corresponde a la edad.

¿El resultado futuro? una personalidad débil e insegura, el desarrollo de ansiedad o de angustia de separación y el miedo a crecer.

¿Cómo de importante es el proceso en la obtención de resultados?

La publicidad o las redes sociales venden un éxito poco real que se consigue sin apenas trabajo y donde el proceso no es valorado, únicamente importa el resultado, creemos que todo parece asequible, rápido, fácil de conseguir e inmediato. La cultura del esfuerzo educa la voluntad y la perseverancia, no dependemos de tener buena o mala suerte para que las cosas nos salgan bien, dependemos de nuestro empeño.

¿Cómo inculcar a un niño pequeño la cultura del esfuerzo?

Cito un decálogo muy interesante que puedes encontrar en mi libro:

Si deseas educar a tu hijo/alumno en la cultura del esfuerzo:

1. Transmítele el gusto por hacer las cosas con ganas e interés.
2. Contágiale energía positiva, optimismo y fuerza de voluntad a diario.
3. Elimina las quejas continuas de tu lenguaje.
4. Plantéale pequeños retos diarios que pueda ir superando.
5. Dale el tiempo necesario para que sus expectativas no lo asfixien.
6. Potencia su autonomía personal y la toma de decisiones.
7. Enséñale a tratarse con respeto y sin necesidad de sentirse perfecto.
8. Aplaude sus logros conseguidos por no quedarse de brazos cruzados.
9. Enséñale a elegir a sus aliados para recorrer el camino que nos ofrece la vida.
10. Explícale que el error permite el nacimiento de nuevas oportunidades para aprender.

¿Y a un adolescente cuya mente esté más enfocada en las relaciones sociales?

El esfuerzo implica tolerancia a la frustración y actualmente gran número de adolescentes no están entrenados en el autocontrol ni en la importancia del error como oportunidad de aprendizaje. Por otro lado, la procrastinación no es aliada de la perseverancia, tampoco de la constancia; sería muy conveniente una reflexión sobre las causas de la procrastinación: la impulsividad, el valor de la tarea y las expectativas de éxito.

¿Recomendarías la conocida como 'tabla de recompensas' para la obtención de ciertos objetivos o para la introducción de determinadas rutinas que les impliquen esfuerzo?

La tabla de recompensas ahonda en el refuerzo positivo, se trata de una herramienta que se ha utilizado mucho y se sigue utilizando. Bajo mi punto de vista, necesitaría un complemento importante basado en nuestro propio ejemplo porque el agente de control es externo y el esfuerzo requiere de motivación intrínseca.

En tu libro hablas del coleccionismo y de cómo favorece el desarrollo de ciertas habilidades a los niños; ¿de qué manera fomenta el coleccionismo el esfuerzo?

El hecho de coleccionar facilita para ciertos niños un punto de partida muy interesante para su progreso personal y educativo. Por ejemplo, para los niños tímidos supone la excusa perfecta para hablar con otros niños y fomentar las relaciones de intercambio, para los niños con dificultades de atención supone desarrollar la capacidad de memorizar y la necesidad de concentrarse y conseguir aquello que les falta además de organizarse y memorizar más de lo que habitualmente hacen. Cuando los niños son pequeños podemos darles ciertas pautas, que en cierto modo necesitan, para mantenerse motivados en sus colecciones: ayudarles a practicar hábitos positivos, a ser constantes y a desarrollar comportamientos que les serán muy útiles en cualquier circunstancia.

¿Es posible separar esfuerzo de ansiedad por lograr un determinado objetivo? ¿Cómo enseñar a un niño a ser responsable, pero no a serlo en exceso?

De hecho no solamente es posible, sino que es necesario separar esfuerzo de ansiedad ante un objetivo porque nos debemos auto-cuidar y vivir de manera saludable.

Si nuestro hijo/a es demasiado responsable, podemos ayudar a reducir su nivel de estrés y perfeccionismo de varias maneras: Contemplando con ellos expectativas realistas, no mostrándonos como los padres perfectos, demostrando nuestro amor incondicional (quererlos por lo que son y no por lo que logran), ayudándoles a distinguir entre aquellas tareas que requieren precisión y atención al detalle y las que necesitan resolución rápida o desdramatizando los errores convirtiéndolos en una oportunidad para aprender…

¿Es posible que el estrés impulsa una mayor fuerza de voluntad en los niños o suele ser causa de bloqueo?

A veces nos encontramos con niños que, desde las edades más tempranas, muestran altos grados de responsabilidad o asumen compromisos que están muy por encima de los años que tienen. El carácter, la genética y la educación familiar determinan esta actitud en gran medida, bien para frenarla, bien para fomentarla.

Este hecho no debe preocuparnos, no obstante estaremos vigilantes cuando el niño no posee o quizá sí, pero de manera muy escasa, tolerancia a la frustración y desea que todo le salga perfecto y "a la primera". En estos casos, debemos analizarnos nosotros mismos, puede que nuestro nivel de exigencia sea muy alto y ellos, para no decepcionarnos y complacernos, cumplan lo que les decimos entregándose por completo, como si estuvieran haciendo lo más importante de su vida. La autoexigencia llevada al extremo puede convertirse en un agente de bloqueo emocional.

¿Cómo luchar contra la inmediatez propia de nuestra sociedad para favorecer el esfuerzo?

Testimonialmente diré que la fuerza de voluntad siempre ha sido y sigue siendo el motor de mi vida, creo firmemente en la constancia. Desde muy pequeñita he sido muy tenaz, positiva y optimista… las quejas no formaban parte de mi lenguaje; por ello, ahora que estoy en una etapa de mi vida más madura, este libro resume en sus tres bloques la indiscutible importancia del proceso frente al resultado en cualquier acción de nuestra vida, justo una visión muy diferente a la de una sociedad que, por desgracia, funciona a "golpe de clic".

Después de preguntar a muchas personas qué significaba para ellas la palabra "esfuerzo", llegué a la conclusión de que se trataba de un valor en desuso, incluso inexistente en numerosos contextos hoy en día. Pero, siguiendo "el cambio de mirada" que pretendo iniciar con esta obra, puedo decir que el esfuerzo posee muchos matices y ofrece perspectivas diferentes; mientras algunos lo perciben como desgaste o cansancio y deciden desterrarlo de su día a día, otros lo asocian al logro de resultados satisfactorios.

¿Cómo de importante es que los niños, además de esforzarse, sepan reconocer el esfuerzo de los demás?

Es fundamental que perciban nuestro esfuerzo como padres desde sus primeros años de vida. La motivación, el sentido de las tareas que tenemos que realizar y el intento entusiasta son elementos a tener en cuenta para que ellos mismos valoren nuestros esfuerzos, no obstante, si las cosas no salen como estaban previstas, es importante que estén educados en resiliencia… "vale la pena haberlas intentado" o "la concepción del error como oportunidad de aprendizaje"

ENTREVISTA para Hola.com basada en mi libro Cómo educar en la cultura del esfuerzo"

Abril 2023

CAPÍTULO 14
Los cambios que padres e hijos viven en su convivencia diaria
durante las vacaciones escolares.

¿Qué hacer con los niños en vacaciones de verano?

- De la vida organizada al tiempo libre (Adaptación progresiva) Tomar conciencia y desacelerar.
- Las vacaciones son necesarias para la salud de los niños. Es muy saludable para ellos contar con un tiempo al año libre de obligaciones y exigencias y con más flexibilidad.
- Pequeñas tareas a lo largo del día para repasar el curso escolar
- Fomento de la lectura según sus intereses y pautada por capítulos
- Campamentos urbanos, en la naturaleza y fuera de España
- Campamentos de idiomas, arte e inteligencia emocional
- Los abuelos, canguros de lujo en verano

Saber aburrirse:

El niño en general se aburre cuando carece de actividades pre-establecidas, tendrá que automotivarse y lo hará. Procurar que dispongan todos los días de tiempo libre auténtico, sin actividades programadas ni que se rellenen con pantallas o con tareas impuestas por otras personas.

Guía de propuestas:

Ayuda en las tareas del hogar

Aprovechando que los niños están en casa por vacaciones, en vez de recurrir a la TV o la Tablet mientras los adultos hacemos los quehaceres de la casa, pueden pedir a los pequeños que les ayuden en las diferentes tareas en función de su edad y habilidades. Esto les mantiene ocupados y les da la sensación de sentirse útiles.

Cocinar con los niños

También se puede hacer partícipe a los pequeños preparando recetas para el desayuno, la comida, la merienda o la cena. A través de esta actividad apreciarán más la comida.

Actividades deportivas

Se puede ir al parque a realizar actividades físicas como correr, dar paseos en bicicleta, usar los patines, el patinete… Lo importante es realizar una actividad que fomente el ejercicio físico y desarrolle habilidades motrices.

Actividades culturales

Este tipo de actividades ayudan al desarrollo cognitivo y emocional de los niños a la vez que se divierten visitando exposiciones, museos, o lugares históricos.

Hacer manualidades, pintar y dibujar

Son actividades perfectas para que los niños desarrollen su creatividad donde también practicarán habilidades motrices.

Jugar a juegos de toda la vida

Se puede jugar a juegos como El ahorcado, palabras encadenadas, el veo-veo, las películas, etc. Todos juegos en los que se desarrolla el intelecto.

Para los más pequeños... experiencias naturales:

- Aprender a nadar y rebozarse en la arena
- Plantar un árbol o hacer un pequeño jardín en casa, o un huerto
- Aprender a montar en bicicleta
- Hacer senderismo en la montaña
- Ir de camping con los niños y disfrutar de una noche en plena naturaleza
- Enseñar a los niños a pescar y enseñar a los niños a admirar una puesta del sol

¿Qué se puede hacer para evitar el abuso de las nuevas tecnologías en periodo vacacional?

Durante las vacaciones, los dispositivos cobran especial importancia para los adolescentes ante la falta de horario que sí tienen durante el curso. Es bueno hablar con nuestros hijos sobre estas cuestiones para que las entiendan como un beneficio personal, no como una imposición directa y estén dispuestos a negociar.

Alternar periodos de uso de pantallas con periodos libres, que "permitan la convivencia activa con todos los miembros que formen parte de la unidad familiar"

Potenciar un ocio que no esté relacionado con las pantallas, en especial todas las iniciativas que supongan una actividad física (campamentos en la naturaleza)

No usar las pantallas durante las comidas

Evitar el uso de pantallas desde una hora antes de irse a dormir para que "la producción de melatonina sea la adecuada y nuestro reloj interno ayude a la aparición del sueño.

Adaptación del Guión para la entrevista en el Programa La Tarde en COPE que dirige Pilar Cisneros y Fernando de Haro en la Cadena COPE. Los cambios que padres e hijos viven en su convivencia diaria durante las vacaciones escolares.

Julio 2023

CAPÍTULO 15
La Discalculia, una dificultad más común
de lo que pensamos

Las matemáticas forman parte de las primeras experiencias de aprendizaje y nos ayudan a ordenar el medio en el que nos movemos, establecer múltiples relaciones entre los objetos que manejamos y situar en el espacio y en el tiempo las cosas que nos rodean. Utilizamos el lenguaje matemático en momentos muy variados pues las matemáticas son realmente significativas y útiles, nunca están alejadas de la realidad e implican razonar, imaginar, descubrir, intuir, probar, generalizar, utilizar técnicas, aplicar destrezas, estimar, comprobar resultados…

¿Qué objetivos nos deberíamos proponer en la enseñanza de las matemáticas?

- Orientar el trabajo matemático en torno a proyectos que impliquen otras áreas del currículum.
- Incluir contenidos de una manera flexible que surjan de la necesidad de dar respuesta o completar una determinada cuestión.

- Observar, manipular y representar de forma autónoma, libre, lúdica y motivadora con materiales reciclables para conseguir un aprendizaje significativo.
- Tratar de contenidos organizados en talleres como contexto idóneo. Presentar las matemáticas de forma sensorial y manipulativa.
- Considerar aspectos imprescindibles para el desenvolvimiento de los/as niños/as: Cuántos años tienen, dónde viven, cuántos hermanos son , qué lugar ocupan entre ellos, qué día es hoy, cuánto vale un objeto determinado, cuánto pesan, cuánto miden…
- Animar a la creación y establecimiento de relaciones entre toda clase de objetos, acontecimientos y acciones.
- Animar a cuantificar y a pensar sobre los números y las cantidades de objetos cuando tienen significado manipulativo para él.
- Animar a comparar grupos y a que construya grupos con objetos.
- Animar a intercambiar ideas de pensamiento con los compañeros.
- Resolver situaciones y operaciones numéricas con su propio cuerpo y familiarizándose en el conteo junto la noción de cantidad y el vocabulario matemático natural a partir del juego y de la manipulación.
- Relacionar y agrupar objetos a partir de diferentes atributos partiendo de la manipulación del material.

¿Cuáles son los problemas más comunes relacionados con el aprendizaje matemático?

En los primeros años podemos encontrar algunos signos de alerta. Alcanzan a comprender solamente pequeñas cantidades (hasta el 3 ó el 4 aproximadamente), les cuesta contar y diferenciar elementos en agrupaciones a medida que aumenta la cantidad y entender los cuantificadores básicos. En primaria siguen con bastante dificultad en el conteo y en el aprendizaje de números altos además de utilizar los dedos. Aplican escasas estrategias a la hora de operar y cuando parece que ya han asimilado procedimientos matemáticos, en realidad no quedan fijados y no saben aplicarlos pasado un breve periodo de tiempo. Las tablas de multiplicar, las transacciones con monedas y las horas son conceptos muy complejos para estos niños/as. En secundaria los problemas persisten y, aunque van dominando estrategias, no terminan de comprender el planeamiento lógico de las mismas.

Acalculia, Discalculia y dificultades relacionadas con los procesos de desarrollo cognitivo son algunos de los problemas de aprendizaje matemático más comunes en Primaria.

¿Qué entendemos por "Discalculia" y "Acalculia"?

La discalculia es una dificultad de aprendizaje con origen neurobiológico que afecta específicamente a las matemáticas y dificulta la comprensión de los cálculos matemáticos. Implica una disfunción en las conexiones neuronales que procesan el lenguaje numérico, dificultando las funciones cerebrales que permiten el procesamiento y acceso a la información numérica. Se trata, por tanto, de una disfunción neuronal en el surco intraparietal del cerebro que impide la correcta representación mental de los números, dificulta la decodificación numérica y afecta a la comprensión del significado de las tareas o cálculos matemáticos.

Los/as niños/as que la padecen no interpretan la asignatura de matemáticas de la misma forma que sus compañeros, por lo que necesitan una enseñanza adaptada a sus necesidades pues siguen rutas alternativas y diferentes. Es un trastorno específico, de base biológica, que afecta profundamente al aprendizaje de las capacidades aritméticas y las matemáticas. En ocasiones se ha definido como "dislexia matemática" porque el nivel de desarrollo cognitivo es adecuado y existe un buen rendimiento en el aprendizaje, pero encuentran mucha complicación a la hora de comprender las nociones numéricas o realizar cálculos aritméticos. Además, pueden presentar problemas para escribir los números de forma correcta, problemas para aprender a realizar operaciones matemáticas básicas y/o problemas para realizar y resolver cuestiones de razonamiento matemático.

La discalculia se divide en varias tipologías según las características de los niños o niñas que la padecen:

- Discalculia verbal: Son capaces de leer o escribir los números pero no de reconocerlos cuando son pronunciados por otros.
- Discalculia practognóstica: Son capaces de entender conceptos matemáticos pero tienen dificultades para enumerar, comparar y manipular las operaciones matemáticas en la práctica.

- Discalculia léxica: Pueden entender los conceptos relacionados con las matemáticas cuando se habla de ellos pero tienen dificultades para leerlos y comprenderlos.
- Discalculia gráfica: Son capaces de entender los conceptos matemáticos pero no tiene la capacidad para leerlos así como escribir o usar los símbolos matemáticos.
- Discalculia ideognóstica: Tienen dificultades para recordar los conceptos matemáticos después de aprenderlos.
- Discalculia operacional: Serán capaces de entender los números y las relaciones entre ellos pero sus dificultades se encuentran a la hora de manipular números y símbolos matemáticas para el proceso de cálculo.

La acalculia se trata de un trastorno provocado por una lesión cerebral, por lo que no se considera que las personas que la padecen tengan una dificultad de aprendizaje. De hecho, consiste en la alteración de las habilidades y el procesamiento matemático, por lo que a efectos prácticos supone una dificultad para los/as niños/as que en muchos casos no está detectada.

Relación entre el desarrollo cognitivo y la estructuración de la experiencia matemática

El desarrollo cognitivo es un factor que complica la clase de matemáticas porque va de la mano del aprendizaje de la asignatura, por lo que la maduración neurobiológica particular de cada niño/a marca el ritmo de su aprendizaje. Otro factor es el referido al proceso evolutivo es la estructuración de la experiencia matemática. En esta asignatura, los alumnos apoyan unos conocimientos sobre otros, por lo que, si han quedado competencias por asimilar, los aprendizajes posteriores tendrán una dificultad extra.

¿Cómo se puede reconocer la discalculia?

Es importante distinguir entre un/a niño/a al quien le cuestan las matemáticas y otro que realmente tiene dificultades en el aprendizaje en esta materia. La clave para diferenciarlo es que "el rendimiento en matemáticas de un/a niño/a con discalculia es significativamente inferior al del resto de los alumnos, siempre está dos o tres cursos por debajo del que debe tener". Además, en la mayoría de los casos, es un retraso que se evidencia únicamente en esta asignatura, ya que en el resto de las áreas cognitivas su rendimiento se desarrolla dentro de la normalidad_en relación a otros compañeros.

¿Cómo detectar la discalculia?

- Confundir los signos aritméticos, por ejemplo el signo "+" lo confunden por el "−"
- Presentan errores al realizar las operaciones aritméticas básicas: sumar, restar, multiplicar y dividir.
- Muestran fallos al razonar la solución de los problemas de cálculo que se les plantean.
- Presentan mucha dificultad para realizar cálculos mentales.
- Escriben los números de forma incorrecta.
- Identifican los números de forma errónea, e incluso invierten las cantidades, por ejemplo el 69 por el 96.
- Confunden números por su forma o por su sonido.

- Tardan más de lo necesario para realizar las tareas matemáticas y con malos resultados.
- Cometen fallos al realizar una serie numérica, repitiendo u omitiendo cifras.
- Dificultad para comprender la correspondencia que existe entre la cantidad completa y el dígito.

¿Qué destrezas están afectadas en la discalculia?

- Destrezas lingüísticas. Son deficiencias relacionadas con la comprensión de términos matemáticos y la conversión de problemas matemáticos en símbolos matemáticos.
- Destrezas de percepción. Dificultad en la capacidad para reconocer y entender los símbolos. También para ordenar grupos de números.
- Destreza matemática. Dificultad con las operaciones básicas y sus secuencias (suma, resta, multiplicación y división).
- Destreza de atención. Dificultades en la copia de figuras y observación de los símbolos operacionales correctamente.

¿Qué actividades son recomendables para trabajar la discalculia?

Además de todas las mencionadas en la primera parte del artículo, podemos practicar:

- Actividades con la cadena numérica: se trataría de identificar los números que se encuentran definidos por una posición, para lo que puede utilizarse la recta numérica.

- Actividades de reparto *y correspondencia: Reparto uniformes, proporcional, irregular…*
- Actividades de partición de un número. Las descomposiciones que se realicen tendrán carácter múltiple
- Actividades de relación entre las cifras de un número
- Actividades con el dominó: Gana quién tiene la mayor suma. Se ponen todas las piezas del dominó boca abajo y en el centro de la mesa. Cada jugador toma una pieza al mismo tiempo y les dan la vuelta. Cada uno suma los puntos de su pieza.

LA DISCALCULIA, una dificultad más común de lo que pensamos. Colaboración para la revista Enlace nº 32 (Asociación Aragonesa de Psicopedagogía)

Septiembre 2023

CAPÍTULO 16
Cómo educar en el Esfuerzo

La palabra "esfuerzo" posee muchos matices. Si para algunas personas implica el logro de resultados satisfactorios, para otras es equivalente a desgaste y cansancio… estas oscilaciones influyen a la hora de educar teniendo en cuenta el estilo de vida del siglo XXI. La sociedad actual funciona "a golpe de clic ", no obstante, los primeros años son ideales para inculcar a hijos/as o alumnos/as un valor en desuso, la constancia. Si deseamos que entiendan el significado de la palabra "esfuerzo" debemos dar más importancia al proceso a la hora de conseguir un objetivo… los resultados vendrán después porque una cosa llevará a la otra. La satisfacción ante una tarea bien hecha y las razones para realizarla con calidad, serán determinantes a la hora de entender qué significa esforzarse y ser perseverantes. En una sociedad demasiado compleja, la sobreprotección ocupa un espacio considerable y sobreproteger o querer "hacer la vida más fácil" a nuestros hijos puede desembocar en un comportamiento dependiente e introvertido, sin fuerza de voluntad y con alto grado de tiranía, donde busquen la obtención de ayuda inmediata, necesiten continuo apoyo y aprobación para actuar y exijan en cada momento la satisfacción de sus demandas renunciando a sus propias responsabilidades, pues implican cierto grado de esfuerzo; en muchas ocasiones somos los adultos quienes fomentamos actuaciones que eluden el compromiso. Los niños no se muestran autónomos porque determinadas cosas se las hacemos, quizá por impaciencia o por desconfianza en sus propias habilidades... ¿Cuál es el resultado? una personalidad insegura, la conocida ansiedad de separación o el miedo a crecer.

Como pedagoga y experta en Educación Emocional, puedo decir que el esfuerzo está relacionado íntimamente con la autoestima y con la motivación intrínseca. Estas últimas están alejadas del elogio fácil que muchas veces empleamos pero se encuentran cerca de la actitud alentadora ante los pequeños éxitos conseguidos a diario. Testimonialmente diré que la fuerza de voluntad siempre ha sido y sigue siendo el motor de mi vida, creo firmemente en la constancia. La indiscutible importancia del proceso frente al resultado en cualquier acción de nuestra vida, justo una visión muy diferente a la de una sociedad que, por desgracia, funciona de manera muy diferente.

En una sociedad "líquida" como la que vivimos, ¿cómo podemos fomentar el compromiso?

Como padres, madres y/o profesores intentamos que comiencen a comprender la necesidad de un equilibrio entre derechos y deberes, entre libertad y responsabilidad. Permitir a nuestro hijo ciertas responsabilidades (poner la mesa, regar las plantas de clase, cuidar la mascota...) implica ayudarle a entender que existen tareas que dependen de él; es importante que realice estos "encargos" con seriedad y lo mejor posible si realmente ha comprendido nuestro mensaje: "Cuando una persona es responsable tiene que responder de algo ante alguien porque se ha comprometido a hacerlo"… desde la infancia los niños ya están en disposición de conocer qué significa la palabra "Compromiso" y aprender a comprometerse a medida que van creciendo. No solamente hablamos de compromiso con la tarea… el valor de una promesa ha perdido su sentido, ese halo de misterio acompañado de cariño hacia aquellas personas a quienes hemos dado nuestra palabra y nos han confiado su causa… Si aprenden a comprometerse se asegurarán un futuro sincero rodeado de amistades o compañías con valores y metas similares. La publicidad o las redes sociales "venden" un éxito poco real que se consigue sin apenas trabajo y donde el proceso no es valorado, únicamente importa el resultado, creemos que todo parece asequible, rápido, fácil de conseguir e inmediato. La cultura del esfuerzo educa la voluntad y la perseverancia, no dependemos de tener buena o mala suerte para que las cosas nos salgan bien, dependemos de nuestro empeño.

¿Elogiar o alentar?

Alentarlos, reconocer lo positivo en los niños y en las niñas les ayuda a sentirse bien consigo mismos y les motiva a aceptar el esfuerzo que supone un aprendizaje, ya que están seguros de sus capacidades. No obstante, cuando reciben elogios en exceso, empiezan a hacerse dependientes de la opinión de los demás y actúan correctamente si saben que existe una recompensa. El elogio excesivo y sin propósito suele provocar que el móvil de las acciones del niño deje de ser interno para pasar a perseguir la recompensa externa, con lo que la satisfacción de sentirse capaz de hacer algo bien y de haberlo hecho pasaría a un segundo término. Como adultos tenemos la creencia de que el elogio aumenta la autoestima, sin embargo el efecto puede ser contrario y en lugar de desarrollar la confianza y la seguridad en ellos mismos puede desembocar en una dependencia de las alabanzas. A veces estamos demasiado pendientes de lo que hacen con más dificultad y perdemos de vista las cosas interesantes, bonitas, inteligentes y amables. Una sonrisa o decirles que te gusta cómo han hecho este trabajo son algunos de los mensajes positivos que podemos enviarles, en definitiva, es muy importante darse cuenta de lo positivo y expresarlo.

Por tanto, creo que es importante saber aplicar el elogio constructivo… ¿cómo? Os dejo algunas ideas:

- Concretar nuestro elogio y hacerlo con rapidez. En lugar de decir continuamente: "¡Buen trabajo!", podemos decir frases como: "Veo que lees cada vez mejor y te interesa mucho el libro que estás leyendo". Además, los elogios son más eficaces cuando se producen pronto. No debe pasar demasiado tiempo entre el comportamiento del niño y la nuestra respuesta.

- Describir el trabajo que va realizando nuestro/a hijo/a y reconocer sus méritos. En lugar de decir: "¡Qué dibujo más bonito! ¡eres un genio!, ¡qué bien has cantado la canción! ¡tu voz es preciosa cuando cantas!... podemos decir: "¡Qué árboles tan grandes has pintado!", "veo que te has dado cuenta de muchos detalles que había en el paisaje", "he notado que te has esforzado mucho en cantar la canción para que saliera muy bien". De esta forma describimos lo que ha hecho y estamos reconociendo su trabajo y en lugar de hacer la alabanza solamente al niño, aprendemos a alabar su trabajo, por ejemplo: "¡Cuánto te has esforzado!" "¿estás orgulloso?"

- Reconocer que se siente feliz. "¡Qué contenta estás!", "¿te sientes orgullosa de tu trabajo?"
- Utilizar palabras para alentarlo y reconocer su evolución. "¡Seguro que puedes hacerlo!", "¡ánimo!", "¡cada vez lo estás haciendo mejor!", "¡tu esfuerzo merece la pena!"
- Agradecer lo que hace por nosotros. Cuando nos haga algún regalo, darle las gracias: "¡Muchas gracias! ¡Estamos muy contentos de que hayas hecho esto por nosotros!"
- Decir la verdad con realismo. No es necesario que le digamos que ha hecho un buen trabajo si en realidad no es así. Los niños detectan muy rápido cuando les estás mintiendo.

¿Qué percepción tenemos los padres sobre la constancia? ¿La fuerza de voluntad se ha quedado estancada en generaciones anteriores a las de nuestros hijos?

En numerosas ocasiones los niños comienzan algunas actividades y proyectos con entusiasmo pero, en muy poco tiempo, se aburren y los abandonan porque no les satisfacen, se complican demasiado o quizá implican cierto nivel de esfuerzo.

Según el Observatorio Faros "los padres a menudo se preguntan cómo han de actuar con sus hijos para protegerlos de los contratiempos de la vida. En primer lugar hay que remarcar que no es posible proteger a los niños de los altibajos propios de la vida; no obstante, sí es posible criar niños con capacidad de resiliencia, entendiéndola como la capacidad de hacer frente a las adversidades, superarlas y ser transformado positivamente por ellas. La resiliencia le proporcionará a un niño las herramientas necesarias para responder a los retos de la adolescencia y del inicio de la etapa adulta y así vivir de manera satisfactoria y plena a lo largo de la vida adulta"

La fuerza de voluntad trabaja como un músculo, necesita ser entrenada, desarrollada y mantenida. En la última década investigaciones realizadas sobre la fuerza de voluntad, nos indican que no existe una cantidad determinada para cada persona. La fuerza de voluntad de varía enormemente de un momento a otro, dependiendo del grado de estrés mental reciente. Por tanto, nuestros hijos, dependiendo del estrés mental soportado en ese momento, tendrán mayor o menor fuerza de voluntad para realizar algunas tareas… unos días terminarán los deberes muy rápido, otros se harán eternos… Las rutinas y los hábitos del día a día lograrán esa constancia en la fuerza de voluntad, unidos a nuestro apoyo y valoración de sus puntos fuertes y nuestra confianza en que puede hacer lo que se proponga.

Un decálogo. Si deseas educar en la Cultura del Esfuerzo:

1. Transmite el gusto por hacer las cosas con ganas e interés.
2. Contagia energía positiva, optimismo y fuerza de voluntad a diario.
3. Elimina las quejas continuas de tu lenguaje.
4. Plantéale pequeños retos diarios que pueda ir superando.
5. Dale el tiempo necesario para que sus expectativas no lo asfixien.
6. Potencia su autonomía personal y la toma de decisiones.
7. Enséñale a tratarse con respeto y sin necesidad de sentirse perfecto.
8. Aplaude sus logros conseguidos por no quedarse de brazos cruzados.

9. Enséñale a elegir a sus aliados para recorrer el camino que nos ofrece la vida.

10. Explícale que el error permite el nacimiento de nuevas oportunidades para aprender.

Cómo educar en la cultura del esfuerzo. Colaboración para la revista Enlace nº 33 (Asociación Aragonesa de Psicopedagogía)

Septiembre 2023

CAPÍTULO 17
Sobre Familia e Igualdad de Género

En primer lugar creo que es necesario conocer el significado de "Igualdad de Género" Por igualdad de género se entiende una situación en la que mujeres y hombrestienen las mismas posibilidades y oportunidades en la vida de acceder a los mismos recursos desde el punto de vista social. El objetivo es conseguir que unos y otros tengan las mismas oportunidades en la vida.

Una realidad social basada en la igualdad de género supone un cambio desde los diferentes ámbitos sociales: laboral, familiar, educativo, institucional, económico…. La noción que cada uno de nosotros como adultos tengamos de cada género, influirá en elmodo en el que vamos a ejercer la crianza. Estas ideas están tan inmersas en la cultura que se aceptan sin pararse a pensar en las repercusiones que tienen.

Las familias deben atender a las distintas fuentes de influencia en cuestión de género:

- La propia familia. Los niños y niñas observan cómo se comportan sus padres y madres para reproducir lo que ven.

- El entorno. Familia extensa, grupo de iguales, profesorado, juegos…
- Los medios de comunicación. TV, radio, cine, Internet, RRSS…

Para trabajar la igualdad desde la familia, es necesario tener en cuenta los valores que se les transmiten a los hijos e hijas. Para ello, es necesariopotenciar el respeto, valorar los sentimientos, promover los juegos y actividades carentes de contenido sexista… así, cada niño o niña irá desarrollando una visión de la realidad basada en sus gustos y preferencias y no en función del género que posea.

Es importante tener en cuenta que el ser humano imita por naturaleza, por tanto, los hijos e hijas reproducen los roles que están reflejados en sus padres y madres. Por ello, otro punto necesario a considerar dentro de la familia a la hora de educar a los hijos e hijas, esla importancia de que vean que los adultos comparten responsabilidades y que no hay diferenciación entre ellas.

Los medios de comunicación, como reflejo de la sociedad, deben perseverar en el hecho de que la igualdad de género es un derecho humano fundamental, aún así, los expertos de la igualdad de género coinciden en manifestar la incidencia del sexismo entre la población joven. Bajo este contexto surge la necesidad de sensibilizar a la familia en la temática de género, ya que es en el hogar donde se aprenden las pautas básicas de lo que significa ser niño o niña, hombre o mujer, asumiendo roles que probablemente desempeñarán en su vida adulta.

El concepto que el niño o niña desarrolle sobre el género masculino y el femenino está muy influenciado por el entorno que le rodea. Los estereotiposde género se transmiten culturalmente, se aprenden y se incorporan a nuestros conocimientos. Así, desde el nacimiento aprendemos a comportarnos según el género al que pertenezcamos con el fin de ser aceptados por nuestros padres y madres, familiares, amistades…es decir, por la sociedad.

Adaptación del guión para la entrevista en Radio Nacional sobre Familia e Igualdad de Género

Noviembre 2023

CAPÍTULO 18
Pedagogía del coleccionismo, la importancia del proceso
para llegar a la meta

Cualquier cosa puede ser coleccionada, lo importante es que para el niño tenga un interés especial y ciertas características exclusivas. Así, con cinco o seis años, empiezan a mostrar un claro interés por reunir figuritas de sus series de dibujos favoritas, o los cromos de futbolistas o deportistas que les llaman la atención, y esto supone una búsqueda activa, un interés por algo especial y distinto. Según van creciendo, las posibilidades de coleccionar se van ampliando, desde chapitas, cromos, piedrecitas de los primeros años a otros elementos como minerales, escudos, collares... que tienen más interés para ellos a partir de los 9 años aproximadamente. Por su parte los adolescentes también buscan acumular objetos de su influencer más admirado o fotografías... esta costumbre nos acompaña a lo largo de toda la vida.

Pedagogía del Coleccionismo

El hecho de coleccionar facilita a los niños un punto de partida muy interesante para su progreso personal y educativo y puede ayudarles a desarrollar la memoria y la paciencia, a mejorar su capacidad para ordenar, a conocer el significado de la constancia para conseguir los objetos que poco a poco van recopilando. Les sirve también para ocupar su mente alejándola de la mera pasividad que supone en muchas ocasiones estar mirando el móvil, televisión o jugando con videojuegos sin más finalidad que la de no aburrirse.

Habilidades que desarrolla el coleccionismo

La costumbre de coleccionar facilitará el desarrollo evolutivo de los niños lo largo de su vida y desarrollará habilidades muy positivas entre las que podemos destacar:

- Organización. Qué objeto falta y qué tiene repetido, el niño tendrá perfectamente ubicados sus elementos coleccionados.
- Constancia. Qué método utilizar para poder completar la colección, especialmente si se fija un plazo determinado para poder finalizarla.
- Respeto. Por lo propio y por lo ajeno, dándose cuenta de que los demás tienen que esforzarse al igual que él para conseguir lo que tienen.
- Responsabilidad. Cuidado de las cosas y administración de los recursos necesarios para conseguirlas.
- Memoria. Necesaria para tener presente qué falta y qué tiene, este ejercicio le será de gran utilidad en los estudios.
- Socialización. Importante para relacionarse y mantener conversaciones, facilitando la comunicación con los demás especialmente a aquellos niños que son más tímidos.

Es importante que sientan que quienes deciden sobre su colección son realmente ellos… nosotros podremos ayudarlos, pero la responsabilidad final de completar la colección es suya. Entenderán que es mejor continuar hasta terminarla que dejar varias hechas a medias o querer completar todas corriendo para obtener la satisfacción rápida que impera en nuestra sociedad.

Colaboración en Heraldo de Aragón (sección escolar), Pedagogía del coleccionismo, la importancia del proceso para llegar a la meta

Noviembre 2023

CAPÍTULO 19
Las claves de cuatro expertos en educación para lograr que tu hijo se esfuerce en los estudios

Como tenemos a la vuelta de la esquina el año nuevo, que trae siempre el deseo de poner en marcha buenos propósito, se me ocurre hacer un reportaje sobre cómo transmitir a los hijos el valor de la constancia cuando se plantean un nuevo hábito (deporte, estudio, portarse mejor, ayudar en las labores domésticas, no estar tanto tiempo con el móvil...). Me encantaría incluir unas declaraciones tuyas en las que me puedas contar en cuatro o cinco párrafos:

- La oportunidad que supone el comienzo de año para hablar sobre los nuevos propósitos.
- ¿Cuáles son las mejores edades para empezar?
- ¿Cómo ayudar a los hijos a definirlos?
- ¿Es mejor que se centren en uno solo en vez de muchos nuevos objetivos?
- ¿Cómo mantener esa constancia?
- ¿Cómo actuar cuando flaquean (regañarles, recordárselo, abandonar...)?

- ¿hay que premiar su esfuerzo o hay que asumirlo como una parte de su responsabilidad?
- ¿Por qué suelen abandonar sus propósitos los menores o adolescentes?

Mis aportaciones:

¿Por qué hay niños que se esfuerzan más que otros?

Actualmente la procrastinación se ha convertido en la palabra de moda. Ser un procrastinador o procrastinadora no es una excusa para eludir nuestras responsabilidades y, de ello, deben tomar conciencia nuestros hijos.

Hay tres variables que explican la procrastinación: la impulsividad (tendencia a buscar una recompensa inmediata), el valor de la tarea (las tareas que más tendemos a alargar en el tiempo son aquellas que nos resultan aburridas) y las expectativas de éxito (cuando tenemos ante nosotros una tarea complicada, la procrastinación aparece para librarnos de un posible resultado de fracaso al abordarla)... muchos niños se rigen por estas variables. Desde casa podemos alentar sus esfuerzos, animarlos a ser responsables y a tolerar esas frustraciones diarias que tanto les cuestan.

¿Qué pueden hacer los padres para fomentar este esfuerzo?

Si deseamos como padres y madres educar a nuestros hijos en la cultura del esfuerzo, es importante tener en cuenta este decálogo:

1. Transmítele el gusto por hacer las cosas con ganas e interés.

2. Contágiale energía positiva, optimismo y fuerza de voluntad a diario.

3. Elimina las quejas continuas de tu lenguaje.

4. Plantéale pequeños retos diarios que pueda ir superando.

5. Dale el tiempo necesario para que sus expectativas no lo asfixien.

6. Potencia su autonomía personal y la toma de decisiones.

7. Enséñale a tratarse con respeto y sin necesidad de sentirse perfecto.

8. Aplaude sus logros conseguidos por no quedarse de brazos cruzados.

9. Enséñale a elegir a sus aliados para recorrer el camino que nos ofrece la vida.

10. Explícale que el error permite el nacimiento de nuevas oportunidades para aprender.

¿Qué pautas recomiendas?

Unas breves claves:

- Orientar los propios avances de nuestros hijos en lugar de imponer nuestras directrices.
- Saber que infravalorar sus esfuerzos y sus progresos puede desembocar en actitudes de frustración y abandono.
- Aceptar sus errores, el esfuerzo está acompañado de las equivocaciones.
- Hacerles comprender que los errores cometidos están en el camino que recorren y pueden convertirse una fuente de aprendizaje.

- Celebrar los éxitos que van consiguiendo en el camino, pues son más importantes que el resultado final.
- Ayudar a que encuentren soluciones y respuestas utilizando la pregunta poderosa y fructífera "¿para qué?" basada en el momento presente.
- Enseñar a que cuiden los detalles y conozcan el valor de las cosas.
- Ayudarles a controlar su impulsividad y poca paciencia.
- Enseñarles a comprender el significado de "perseverancia", no todo puede lograrse "aquí y ahora"

Colaboración con ABC familia, reportaje "Las claves de cuatro expertos en educación para lograr que tu hijo se esfuerce en los estudios" (Realizado para ABC Familia, por encargo de Laura Peraita)

Diciembre 2023

CAPÍTULO 20
El móvil como regalo estrella

A las puertas de la Navidad, ¿debería ser el regalo estrella para un niño de 12 años un smartphone?

Con la llegada de la Navidad y de los Reyes Magos somos muchos los padres y madres que estamos pensando en los regalos más adecuados para nuestros hijos. En las cartas aparecen todo tipo de dispositivos como los objetos más deseados y especialmente el teléfono móvil... ¿qué hacemos?

No se trata de ser taxativos, sino de entender que este regalo no corresponde aún a nuestro hijo; no solamente porque tiene 12 años, sino por la peligrosidad que encierra. La educación tecnológica de los padres es tan importante como la de los hijos, enseñar a hacer un uso responsable de los dispositivos es esencial para que la tecnología se convierta en una herramienta que fomente el buen desarrollo global de nuestros preadolescentes... antes de comprar un teléfono es conveniente que nos informemos detalladamente de los riesgos, contemplar todos los detalles y finalmente decidir... ¿sería conveniente una reflexión previa sobre cómo va a utilizar el móvil nuestro hijo?, ¿necesita un teléfono con todas las prestaciones que tenemos nosotros como adultos? .

Ante el debate social generado en las últimas semanas sobre la edad adecuada para el uso de los teléfonos móviles inteligentes, bajo mi punto de vista es recomendable combinar la tecnología con regalos más tradicionales que permitan la interacción con la familia, tales como juegos de mesa, patines o bicicletas… ¿qué conseguimos cuando restamos esa importancia a los dispositivos?: estimular a nuestros hijos y educarles en un entretenimiento que va mucho más allá de lo digital.

¿Cómo pueden los padres tener la fuerza (moral) para negarle a los niños una pantalla cuando muchos colegios integran el uso de un chromebook como herramienta?

Cuando hablamos de "proteger a la infancia y la adolescencia de los potenciales riesgos de las pantallas" teóricamente se necesita una actuación consensuada y colectiva entre familia, centro escolar, instituciones encargadas de la protección a la infancia, empresas tecnológicas y la sociedad en conjunto. Por tanto, es necesaria una coordinación colegio-familia desde el principio; no pueden funcionar como entidades separadas y deben apoyarse en la evidencia científica más actualizada para preservar la salud infanto-juvenil.

El hecho de integrar el uso de un chromebook no implica necesariamente una utilización constante del mismo durante toda la jornada escolar, no debería ser así… pueden combinar el ordenador con otros recursos como los cuadernos, que favorecen la escritura manual.

Los límites de uso de estos dispositivos tendrían que estar muy bien especificados por parte del centro escolar, y las familias claramente informadas. De esta manera sería mucho más amable consensuar con nuestros hijos la utilización de la tecnología en el hogar, además de sentirnos libres y apoyados por el colegio a la hora de establecer normas.

Muchos padres ceden al final la compra de un teléfono inteligente al ver que sus hijos quedan excluidos digitalmente de sus amigos, al no poder participar ni en sus redes sociales ni jugar online con sus amistades. ¿Cómo explicar qué es bueno?

Es cierto que muchas familias ceden a la compra de estos dispositivos por la presión social. Una de las dificultades a las que nos enfrentamos es la famosa frase "todos lo tienen"… ¿qué podemos hacer? ¿de qué modo justificamos que no tengan un smartphone mientras los demás sí?

Siguiendo a Elsa Punset encontramos una respuesta convincente *"Los humanos somos seres muy sociales, y tenemos un sesgo innato que nos lleva a imitar a los demás y hacer lo que la mayoría hace. Sin embargo, si vas a educar responsablemente, vas a tener que enfrentarte a esta tendencia natural, pero a veces peligrosa, de hacer, pensar y decir lo que hace todo el mundo». No hay una fórmula secreta, pero si el abuso de la tecnología puede dañar a tus hijos, como es el caso, entonces, aunque sea incómodo, hay que poner límites. Pero hay que hacerlo con mano izquierda: pactar límites razonables, y ofrecer a cambio tiempo de calidad sin tecnología: tiempo para cocinar juntos, para pasar tiempo en la naturaleza, para pintar, hacer música, conversar, organizar reuniones en casa, ocuparse de la mascota… tiempo para*

aprender lo que requiere una vida y unas relaciones humanas vividas
con los cinco sentidos, y no solo a través de una pantalla"

¿Qué edad sería la óptima para que un niño accediera a su primer
smartphone?

La AEP (Asociación Española de Pediatría) sí considera necesario que se desarrolle una normativa que exija a las aplicaciones
dirigidas a niños el cumplimiento de ciertas obligaciones. Por ejemplo, que vengan acompañadas de recomendaciones de acuerdo con
la edad de los usuarios, de tiempo de uso que no exceda el tiempo
aconsejable para cada grupo de edad, que no puedan utilizar los
datos de menores para publicidad… Es muy importante considerar
que se deben instaurar medidas para que se cumpla la regulación
actual en cuanto a la limitación de edad en el uso de las redes sociales y que se desarrollen sistemas para que también exista una limitación real de acceso por parte de los menores a contenido adulto…
La AEP nos explica que el peso que tiene la edad a la que se
empieza a usar el dispositivo es relativo respecto a otros factores
con mayor influencia, como el uso que los progenitores hacen de
los dispositivos, el tipo de contenido que se visualiza, el acompañamiento que hacen los padres y madres a los niños mientras utilizan
los dispositivos o la madurez de cada niño al comenzar a usar pantallas. No todas las familias tienen la capacidad ni el nivel educativo
para proteger en la misma medida a sus hijos, una situación que
afecta en mayor medida a las de entornos más desfavorecidos.
Si creemos que solamente prohibiendo el uso inadecuado de los
teléfonos móviles se va a resolver el problema, puede que dejemos
de lado los factores antes mencionados y persistan las dificultades.

Hace algo más de una década había una norma -no escrita- mediante la cual se aconsejaba que la ubicación del ordenador desde donde se accediera a internet estuviera en un lugar visible (para ver a qué contenidos accedía). Hoy, con Internet en la palma de la mano, ¿cómo educarlos?

Ya encontramos soluciones adaptadas a cada familia en particular. La Agencia Española de Protección de Datos (AEPD) y la Asociación Española de Pediatría (AEP) han lanzado la campaña "Cambia el Plan". Se trata de una iniciativa para promover la salud digital de los menores a través de la concienciación de sus padres y madres, reduciendo los riesgos que supone a nivel físico, mental, sexual y social el uso intensivo y sin control de las pantallas. La campaña promueve la utilización del "Plan Digital Familiar", una plataforma con información útil sobre el uso adecuado de los medios digitales por parte de los menores para familias y pediatras que contiene una serie de propuestas basadas en recomendaciones científicas que cada familia puede ir seleccionando: unas clasificadas por edad y otras generales para toda la familia. El resultado es un documento personalizado adaptado a las circunstancias de cada familia. La recomendación es que padres y madres lo estudien y valoren antes de establecer los límites, ya que estos serán para todos los miembros de la familia.

El propósito de esta iniciativa es, por un lado la formación familiar en tecnología teniendo en cuenta la velocidad con la que avanzan los entornos digitales y, por otro, la conciencia del mal uso de los menores, quienes se adaptan con rapidez a las nuevas aplicaciones que surgen sin ser conscientes de sus riesgos en la mayoría de los casos.

Según la FAD (Fundación Ayuda Drogadicción) el consumo de pornografía empieza a la temprana edad de 9 años. ¿Cómo afecta este contenido a un menor y cómo evitarlos?

Efectivamente, la edad a la que los menores consumen pornografía en España por primera vez está comprendida entre los 9 y los 11 años. En la mayoría de los casos, los niños acceden a esos contenidos sin que sus familias se enteren y en ocasiones, sin ninguna intencionalidad, de manera accidental…

Lo más grave es, que gran parte del contenido pornográfico al que los menores tienen acceso, contiene violencia. Imágenes relacionadas con la normalización de la agresividad, la falta de empatía, el sexo o las adicciones producen un fuerte impacto en la conducta de los menores; de hecho, el aumento de delitos sexuales de adolescentes está muy relacionado con el consumo de pornografía.

Una legislación adecuada para limitar el acceso temprano a las plataformas que incluyen pornografía y dotar a los adultos de herramientas para saber hacer frente a aquellos menores que ya han accedido a estos contenidos, se hacen muy necesarias. Por supuesto, también son imprescindibles labores preventivas y anticipatorias, porque la pornografía puede llegar a nuestros hijos y es importante saber cómo gestionar este asunto.

Desde la web https://www.educamosenfamilia.com/ nos ayudan con recomendaciones muy interesantes tales como hablar con nuestros hijos de sexo y relaciones de forma natural, como promover una comunicación fluida y natural sobre este tema, además de recordarles que los contenidos a los que acceden en Internet están fácilmente a su alcance, y nosotros, como padres, somos responsables a la hora de conocer su historial de navegación con el fin de protegerlos.

¿Se pueden relacionar determinadas conductas depresivas e incluso suicidas por culpa del (mal) uso de los smartphones?

La adicción al móvil se conoce por el nombre de nomofobia y nos describe una forma de uso compulsiva, excesiva y descontrolada. Los niños o adolescentes que sufren de esta adicción experimentan una necesidad constante de estar conectados y utilizan su teléfono en situaciones poco apropiadas o nocivas.

Las principales causas de la adicción al móvil son:
- Conectividad y comunicación constantes
- Gratificación instantánea ("likes", respuestas inmediatas, deseo de que nos presten atención)
- Evasión de la realidad y evitación de la soledad y del aburrimiento
- Miedo a perderse eventos, noticias o experiencias (Síndrome FOMO, Fear Of Missing Out)

Cuando la adicción aumenta y no se puede controlar, aparecen la frustración y la ansiedad porque el adolescente prioriza el uso del móvil sobre otras actividades sociales o familiares importantes y se aísla, necesita estar constantemente conectado e ignora sus responsabilidades disminuyendo las horas de sueño. Asimismo, puede aparecer el "phubbing" o "ningufoneo" consistente en ignorar a una persona por prestar atención al teléfono celular. Es una combinación de las palabras en inglés phone (teléfono) y snubbing (hacer un desprecio).

¿Prohibir o Educar? El grupo que nació en Telegram, Adolescencia Libre de Móviles, va ya por los más de 9.000 miembros en 11 comunidades autónomas; tiene entre sus miembros a expertos en medicina, psicología y protección de datos. Pretenden regular el uso de los móviles por parte de los adolescentes y jóvenes, empezando por la prohibición de su uso en la primaria y secundaria...

En los últimos tiempos, varios países de la Unión Europea han prohibido el uso de los teléfonos móviles en los centros escolares, ya sea en las aulas, en el recreo, o en el recinto escolar. El último en sumarse ha sido el Gobierno de los Países Bajos, no obstante, prohibir se ha convertido en una respuesta fácil pero no demasiado acertada bajo mi punto de vista. Este asunto traspasa fronteras y va más allá de permitir o no permitir el uso del móvil. Me surgen una serie de interrogantes: ¿qué sucederá cuando nosotros no estemos delante? ¿debemos asumir riesgos y educarles para su buen uso cuando no estemos delante de ellos?

Es cierto que nuestros hijos están acostumbrados a la información rápida, les cuesta atender a una explicación por breve que sea, y presentan problemas de lectura a la hora de comprender el sentido de un texto porque no consiguen en muchas ocasiones leerlo hasta el final, les parece excesivamente largo. Además, parece que el teléfono móvil se ha convertido en un cómplice de las malas conductas…junto a la dependencia podemos añadir las adicciones vinculadas a los videojuegos o a las apuestas on line.

Es muy interesante considerar la información aportada por Jorge Flores, director de la ONG Pantallas Amigas: *"Las prohibiciones suelen dejar aparte las prácticas en las cuales el móvil sea recomendable o necesario. Esta prohibición se toma cuando se notan más problemas que beneficios, estamos hablando de que no lo usen en el sistema educa-tivo y tenemos que dejar claro a lo que no se renuncia. Lo que se persi-gue con esta medida es que el móvil no dificulte las otras partes lectivas, las que no se hacen con el móvil y dificulten las relaciones en la escuela"*

De manera reciente, la Fiscalía de Menores y la Agencia Española de Protección de Datos han consensuado con 131 entidades un documento con 15 medidas concretas para «proteger a la infancia y a la adolescencia en el mundo digital. ¿Cómo podrán beneficiarse los menores de estas medidas para proteger a la infancia del mundo digital?

Si leemos detalladamente el documento, descubriremos muchos beneficios para nuestros hijos y alumnos. La propuesta de pacto de Estado contempla fomentar las escuelas de padres para que pue-dan educar a sus hijos en un consumo consciente y responsable y generar normas de uso consensuadas en las familias, además de exigir responsabilidad de todos los agentes implicados, incluida la industria tecnológica. En dicha propuesta hay un compromiso para promover la regulación en las Comunidades Autónomas para limi-tar el uso de los móviles en los colegios y adecuar el uso de los dis-positivos tecnológicos en el aula a las pautas por edades recomen-dadas por las sociedades científicas españolas. También se quieren establecer mecanismos de verificación de edad a través de sistemas no invasivos y, a su vez, se contempla que aparezcan desactivadas por defecto las estrategias de persuasión y formas de manipulación en los servicios en línea y que en las páginas web haya advertencias mediante pop up de los riesgos a los que están expuestos los me-nores.

Adaptación del guión para Singladura, entrevista "El chromebook debe convivir con herramientas clásicas, analógicas, en el aula"

Diciembre 2023

CAPÍTULO 21
La prevención del suicidio adolescente

¿Cómo se puede percibir si un hijo o hija está sufriendo bullying en su colegio o instituto?

El Dr. Dan Olweus, considerado el pionero en el estudio e investigación de la intimidación y en la utilización de la palabra bullying:

"Un continuado y deliberado maltrato verbal y modal que recibe un niño por parte de otro u otros, que se comportan con él cruelmente con el objeto de someterlo, apocarlo, asustarlo, amenazarlo y que atentan contra la dignidad del niño" Informe Cisneros VII (2005)

Los Tipos de Bullying pueden ser cuatro: Físico (empujones, agresiones con objetos...) que son más frecuentes en Primaria; Verbal (motes, insultos, menosprecios públicos...) siendo el más habitual según las investigaciones; Psicológico (llegando a fomentar una sensación de temor y minar la autoestima de la víctima, ciberbullying); Social (al pretender aislar a la víctima del resto de compañeros)

Signos y síntomas de percepción "algo pasa"...

- En ocasiones, la víctima tiene miedo a su agresor o agresores, piensa que si dice algo en casa las represalias serán mayores e intenta que el asunto pase desapercibido.
- Otras veces siente vergüenza, cree que sus padres pensarán que es un cobarde.
- Existen síntomas evidentes como los cambios de humor, la tristeza y la irritabilidad (desregulación emocional), el hecho de estar ausente o distraído, el insomnio, la falta de apetito, bajo rendimiento escolar y la poca participación en actividades relacionadas con el colegio o instituto.
- Miedo y rechazo a ir al colegio o instituto. Fobia (inventar alguna dolencia para no ir al colegio)
- Ausencia de amigos en el colegio o instituto.
- Evidencias físicas de maltrato

- Creación de un canal de comunicación y confianza con los hijos
- Estar alerta de síntomas fáciles de camuflar, observación

¿Cuáles son los aspectos a los que la familia debe prestar atención y que podrían señalar un posible riesgo de suicidio?

Aunque el suicidio se suele asociar con la depresión, en realidad no es un acto exclusivo de chicos o chicas deprimidos o de aquellas que sufren otros trastornos psicológicos. De hecho, en muchos casos el sufrimiento de chico /a que no quiere vivir no parte de la tristeza y la desesperanza de la depresión sino del aplanamiento afectivo y la anhedonia (la incapacidad para experimentar emociones positivas, la incapacidad para experimentar el placer, la anestesia o insensibilidad hacia el placer).

Algunos de los chicos que piensan en el suicidio lo hacen motivados por una profunda sensación de hastío y apatía, un inmenso sentimiento de vacío y soledad que lo cubre todo. Para ellos, la vida simplemente deja de tener sentido.

Las señales de alerta a las que tenemos que prestar atención son:
- Comentarios muy negativos hacia sí mismo "no valgo para nada", "lo mío no tiene solución", "me gustaría desaparecer" …
- Desesperanza acerca del futuro, pensamientos catastrofistas del tipo «la vida no merece la pena» o «nada va a cambiar».
- Ausencia de proyectos vitales a corto/medio plazo.
- Cambios en su conducta: tristeza, aislamiento, mayor irritabilidad…
- Desbordamiento emocional desproporcionado ante situaciones conflictivas o ausencia de recursos para hacerles frente.
- Patrones de sueño y alimentación muy irregulares.
- Dejar de hacer las cosas que antes le gustaban.
- Búsquedas peligrosas en Internet (pastillas, formas de autolesionarse) Autolesiones (cortes en antebrazos, mus-

los...), normalmente realizadas con la finalidad de regular emociones negativas.
- Bajada del rendimiento escolar.
- Dificultades para compartir el malestar o sufrimiento con la familia y los amigos.
- Aislamiento en domicilio y poca comunicación con familiares y amigos.
- Conductas de cierre como despedirse, regalar objetos personales, cerrar redes sociales…

¿Qué recomendaciones daría a una familia que se enfrenta a un caso de intento de suicidio?

En ocasiones, cuando un adolescente nos habla de suicidio, probablemente nos está indicando que realmente desea vivir, pero no sabe cómo hacerlo. Está pidiendo ayuda porque no quiere morir, pero no encuentra salida para acabar con su sufrimiento. Preguntar, escuchar y validar emociones puede ayudar a sentir alivio y reducir el sufrimiento…

Hablar sobre el suicidio con ese chico o esa chica no va a provocar que cometa el suicidio. Al contrario, le ayudará a expresar sus emociones y pedir ayuda. Pregúntale abiertamente cómo se siente y si está pensando en quitarse la vida, y permite que se desahogue. Muestra empatía, no juzgues sus emociones, muestres alarmismo o infravalores estos pensamientos y emociones, transmítele afecto. Señala que estás ahí para ayudar, puedes ayudarle a solucionar sus problemas y ofrécele recursos. Promueve que obtenga ayuda profesional.

¿Cómo afrontar que un hijo o hija adolescente diga: "no quiero vivir más"?

Cuando hablamos de conducta suicida, nos referimos a todo acto que tenga en algún grado una intencionalidad de morir. Ésta se puede manifestar de distintas formas: tener ideas relacionadas con la muerte, planificar la forma de morir, realizar algún tipo de preparativo o incluso verbalizarlo o llegar al acto con finalidad suicida.

En ocasiones el adolescente que contempla el suicidio no quiere acabar con su vida, solo desea que ese malestar termine. Ese "no quiero seguir viviendo" en realidad es la expresión de un conflicto interno. Está aún está luchando por vivir, pero se resiste a seguir adelante en ese estado. Se encuentra en una etapa de conflicto donde la balanza se puede inclinar en una u otra dirección.

Lo más importante es que tengas claro que terminar con la vida no es una solución. La vida merece vivirla, aunque ahora no lo parezca.

¿Cómo puede la dinámica familiar influir en la salud mental de los miembros de la familia?

En primer lugar, para fomentar una salud mental en la familia es importante que todos sus miembros se comuniquen de manera asertiva y empática, tratando de fomentar un ambiente compasivo y de confianza, que genere la sensación de apoyo físico y emocional de sus integrantes. Así mismo, es importante que los hijos se sientan escuchados y comprendidos, de modo que puedan expresar sus emociones y pensamientos, sin miedo a ser juzgados o rechazados irracional o inconscientemente, promocionar la parentalidad positiva (apego seguro) y el bienestar emocional.

En segundo lugar, las enfermedades mentales tienen una predisposición genética, sin embargo, esta predisposición no implica, necesariamente, afirmar que se va a desarrollar la enfermedad porque los factores psicosociales y la familia influyen. Si se trata de una familia resiliente que hace frente a la vulnerabilidad las posibilidades serán mucho menores. Podemos afirmar que se hereda la predisposición no el trastorno.

¿Cómo pueden las escuelas colaborar con las familias para abordar la salud mental de los estudiantes?

Cuando en el centro se detectan problemas de salud mental, se debe evaluar cada situación, si el chico o la chica quieren hablar con sus compañeros, si la familia prefiere mantenerlo en privado…

Son situaciones muy graves y el tutor y el equipo directivo deben manejar toda la información. Además, se debe actuar en tres niveles: lo que se puede hacer desde el centro, acompañando al chico mientras está allí; el marco de colaboración e información con la familia, y los servicios externos especializados, las personas que están atendiendo al chico.

Desde el aula, se trata de permitir que los profesores y los chicos hablen de sus cosas, abran sus mentes y su corazón, es utilizar lo que ha pasado para prevenir porque a todos se nos puede pasar algo alguna vez por la cabeza, es animar a pedir ayuda ante situaciones traumáticas, es manifestar que estamos a su lado, es no juzgar… Cuando se hace así, con escucha empática, los chicos lo agradecen.

Protocolo de prevención del riesgo de conducta suicida y autolesiones del alumnado.

https://www.educa2.madrid.org/web/sginspeccioneducativa/conductas-autolesivas

https://www.consaludmental.org/publicaciones/Guia-prevecion-suicidio-Salud-Mental-CYL.pdf

https://consaludmental.org/centro-documentacion/guia-promocion-salud-mental-suicidio-adolescente/

https://digitasweb.com/guias-prevencion-suicidio-adolescentes/

Adaptación del guión para el reportaje publicado en el número 101 de la revista de Previsión Sanitaria Nacional (PSN) sobre La prevención del suicidio adolescente.

Diciembre 2023

CAPÍTULO 22
Cómo lograr que tus hijos sí cumplan sus propósitos para 2024 (y para 2025)

Con la llegada de 2024 (y ya de 2025) podemos plantearnos hacer un listado de buenos propósitos con los niños. Esta emocionante tarea puede formar parte de una tradición a repetir cada fin de año, pues fomenta sus ilusiones a la vez que define sus metas y límites. A medida que van creciendo estas reflexiones son cada vez más importantes para reflexionar sobre sus sueños y sobre todos aquellos aspectos de su vida que quieren cambiar y mejorar.

Cuando los propósitos quedan escritos en una hoja de papel (decorada a gusto de cada niño), se recuerdan a medida que pasan los meses del nuevo año y se valora la constancia, la perseverancia y el esfuerzo por su logro (valores en desuso actualmente)

Los niños pueden empezar a realizar esta tarea desde la etapa infantil, con 5 o 6 años ya pueden empezar a plantearse pequeñas metas y dibujarlas en un papel con nuestra ayuda.

Para que puedan alcanzar los propósitos que se plantean para 2024/2025 podemos hablar con nuestros hijos a la hora de formularlos y tener en cuenta:

- El propósito debe ser realista, no se puede tratar de lograr una meta inalcanzable.
- No pueden formularse muchos propósitos a la vez, lo adecuado serían dos o tres para trabajar en ellos desde el principio e ir revisando si se consigue cada pequeño logro hasta llegar a la meta final. La imagen de un mapa mental con una escalera de varios peldaños (decorada a su gusto) en los que se escriban tareas destinadas a ir cumpliéndose hasta llegar al peldaño más alto sería una interesante sugerencia.
- Cada propósito formulado debe adaptarse a su edad y a su momento evolutivo, así como a su grado de maduración.
- Nuestra función será alentar, perseverar en ese esfuerzo y recordarles que podemos aprender de la equivocación, el error es una gran oportunidad de aprendizaje.

Cuando se trata de adolescentes, a veces el planteamiento de sus metas es excesivamente elevado y la tendencia a buscar la recompensa inmediata enfría cualquier propósito que se planteen. Es muy importante que comprendan la importancia de empezar por una tarea pequeñita hasta lograr que se convierta en hábito (el primer paso es dividir la meta final en pequeñas subtareas que les resulten menos tediosas). También deben tener en cuenta sus fortalezas y debilidades y tomarse un tiempo y pensar, desde todas las perspectivas, qué valor tiene ese propósito a realizar en 2024.

Colaboración con ABC familia, adaptación del guión para el reportaje " Cómo lograr que tus hijos sí cumplan sus propósitos para 2024 " (Realizado para ABC Familia, por encargo de Laura Peraita) Enero 2024

CAPÍTULO 23
Conversaciones en Educación:
"Hacia una Escuela Emocionalmente Inteligente"

Bienvenidos a todos y todas, mi nombre es Ana Huertes y voy a moderar esta charla entre profesionales que tratará de abordar la relevancia de la educación emocional y sus implicaciones en el aula.

La educación en emociones ha generado un interés creciente en muchas áreas incluido el ámbito de la educación. Desde que Goleman publicara su libro "inteligencia emocional" en la década de los 90, educar en emociones es un concepto de amplia significación que incluye la habilidad para motivarse a uno mismo y persistir frente a las frustraciones, ser capaz de controlar impulsos y demorar gratificaciones, regular los estados de ánimo, evitar que los contratiempos obstaculicen la habilidad de pensar o la capacidad para desarrollar empatía y esperanza.

Desde esta perspectiva, la inteligencia emocional es una de las habilidades de vida que deberían enseñarse en el sistema educativo y en la que los docentes deberían poner tanto interés como en el desarrollo de otras habilidades y competencias asociadas al CI.

Nuestras invitadas a la conversación de hoy son Isabel Martínez Álvarez y Ana Roa participan en esta charla-coloquio como expertas en el ámbito de la Educación Emocional en las distintas etapas educativas.

Por una parte, Isabel Martínez: Doctora en Psicología, ha trabajado como orientadora educativa en las diversas etapas educativas y actualmente investiga junto a otros profesionales de la Universidad de Valencia y en un centro educativo del País Vasco. Han llevado a cabo diferentes investigaciones relacionadas con el desarrollo de las competencias emocionales y de la gestión de conflictos desde la etapa infantil hasta bachillerato.

Nos acompaña también Ana Roa: Coordina la sección de Pedagogía en el Colegio de Doctores y Licenciados de Madrid, es formadora en diversas instituciones educativas, fundadora de Roa Educación y autora del libro "El yo infantil y sus circunstancias" basado en la importancia de la Educación Emocional en los primeros años de vida.

Yo misma, Ana Huertes: Psicóloga experta en el tratamiento de diversos problemas clínico y emocionales en la infancia y adolescencia, y cuento con experiencia como orientadora en las diversas etapas educativas.

Buenos días a las dos:

Pregunta 1: Una adecuada Educación Emocional impartida desde las primeras etapas educativas, ¿garantiza el bienestar personal y social en un futuro? ¿Cómo podemos contribuir al desarrollo emocional de los niños durante estos primeros años?

Ana R: Las emociones constituyen uno de los pilares fundamentales del ser humano pues determinan el comportamiento y la capacidad de aprendizaje. Una adecuada Educación Emocional propicia el bienestar, la salud de la persona, y previene las dificultades en el desarrollo madurativo afianzando la formación de una personalidad estable; tomar conciencia de los sentimientos facilitará el equilibrio interno y la relación con los demás; expresar y controlar las emociones es un objetivo educativo básico para favorecer el propio proceso de desarrollo.

Educar emocionalmente desde la primera infancia implica validar las emociones, empatizar con los demás, ayudar a identificar y a nombrar lo que se está sintiendo, poner límites, enseñar formas aceptables de expresión y de relación con los demás, quererse y aceptarse a uno mismo, respetar a los demás y proponer estrategias para resolver problemas; en la Educación Infantil proponemos contenidos básicos: la conciencia emocional, la regulación emocional, autoestima y habilidades socio-emocionales entre otros.

Isabel: Totalmente de acuerdo. Desde el grupo de investigación en el que yo participo trabajamos con un centro escolar de Tolosa en el que apuestan por una filosofía de centro basada en el desarrollo de las competencias emocionales desde la etapa de infantil hasta bachillerato. Comienzan trabajando las más esenciales, como puede ser la conciencia emocional, en los primeros niveles y van avanzando de manera estable y transversal. Si os parece, podemos incluso ver un vídeo con un ejemplo de dinámica en la que los pequeños y pequeñas trabajan la conciencia emocional, el ¿quién soy yo? a través de la identificación de lo que sienten, tanto uno mismo como los demás.

Isabel: ¿Cómo piensas tú, Ana, que se pueden empezar a trabajar estas competencias emocionales?

Respuesta de Ana R.:

- Incorporando en el juego variantes emocionales

- Comprendiendo sus narraciones imaginarias
- Conversando sobre las emociones que experimentan las personas
- Escuchando sus preguntas y dudas emocionales con afectividad y cierto grado de empatía
- Observando ante qué emociones se sienten más incómodos
- Animándoles a hablar y a expresar sus sentimientos

Se cita como referencia el Primer Estudio Nacional sobre la Educación Emocional en los Colegios en España (2021)

Isabel: Me parece muy muy interesante las estrategias y herramientas que propones, de hecho, según te escuchaba, me acordaba de nuevo de Herrikide, este centro de Tolosa que os comentaba, porque han elaborado "un rincón del consenso" y en él fomentan esa escucha activa de la que hablabas y que es tan importante, junto a las conductas asertivas, al trabajo cooperativo, para fomentar unas adecuadas habilidades sociales.

Ana H: es muy interesante lo observado en el vídeo. El trabajo por rincones que hemos observado en el vídeo es otra herramienta que se puede utilizar desde los primeros años en educación infantil. también es habitual en algunos centros educativos la utilización de cuentos donde los distintos personajes expresan sus sentimientos ante distintas situaciones…

Pregunta 2: Actualmente, uno de los principales escollos que encontramos en los/as niños/as es la escasa tolerancia de la frustración. Desde nuestra posición de expertos, ¿cómo podemos apoyar a docentes y familias en la ardua tarea de entrenar la auto-regulación emocional?

Ana R: Tolerar la frustración significa ser capaz de afrontar los problemas y limitaciones que nos encontramos a lo largo de la vida, a pesar de las molestias o incomodidades que puedan causarnos. Por lo tanto, se trata de una actitud y, como tal, puede trabajarse y desarrollarse para llegar a la autogestión.

La etapa infantil se caracteriza por el egocentrismo, los niños piensan que todo el mundo gira a su alrededor y que pueden conseguir al momento lo que piden. No tienen desarrollado el concepto del tiempo ni la capacidad de pensar en necesidades de los demás. Es entonces cuando hay que empezar a enseñar a los niños a tolerar la frustración. Si les damos todo lo que piden no aprenderán a tolerar el malestar que provoca la frustración y a hacer frente a situaciones adversas. Si intentamos complacer siempre y evitar que se sientan frustrados ante cualquier situación no favorecemos su desarrollo pleno e integral como personas.

Los niños y niñas con baja tolerancia a la frustración actúan:
- Con excesivas exigencias y demandas
- Con dificultades en el manejo y en la gestión de las emociones
- Buscando satisfacer sus necesidades de manera inmediata
- Con impulsividad e impaciencia
- Mostrándose poco flexibles ante nuevas situaciones
- Pensando que "todo gira a su alrededor"
- Pensando que "todo es blanco o todo es negro"
- Desarrollando rabietas y llanto de manera continuada
- Desarrollando ansiedad

Si el niño consigue siempre lo que quiere cuando lo pide para evitarle "sufrimiento" (porque nos cuesta mucho verlo llorar, porque estamos cansados de escucharlo...) no favorecemos la gestión de sus emociones y contribuiremos a posibles problemas de conducta futuros.

Isabel: Me parece esencial lo que comentas, compañera. Creo que la regulación emocional hay que trabajarla desde los primeros años, sobre todo, como estrategia preventiva. A veces los niños y niñas nos pueden sorprender con sus reacciones cuando les ofrecemos ayudas para que canalicen mejor sus emociones y para que sepan gestionarlas, tanto las propias como las ajenas.

Yo resaltaría también aquí la importancia de que la puesta en marcha de estas intervenciones con este tipo de dinámicas se realice de manera estable, periódica y, como no, transversal. Yo creo que eso es lo que hace que los pequeños y las pequeñas vayan interiorizando estas maneras más eficaces de gestionar las emociones y puedan luego transferirlas y generalizarlas a todos los contextos y situaciones que lo requieran. No es algo que debamos trabajar puntualmente o cuando ya nos enfrentamos a una situación complicada, siempre resultará más eficaz si lo ponemos en práctica regularmente y desde los inicios.

Yo, al hilo de esto que comentáis, recalcar la importancia de ejercer como modelos de competencia emocional en las situaciones más cotidianas. Para los niños puede ser confuso pedirles que sean competentes emocionalmente hablando si los adultos no somos capaces de ofrecer un modelo constante de ello.

Isabel: ¿Qué podemos sugerir a las familias?

Ana R:
• Cuidado con complacer siempre sus deseos.

- Mantenernos firmes ante sus rabietas y enfados (los límites son necesarios para la convivencia) aunque respetuosos con sus sentimientos (Autoridad Empática)
- Ayudarles a diferenciar entre sus deseos y necesidades.
- Convertir la frustración en aprendizaje. "El error como oportunidad de aprendizaje"
- Entrenar técnicas de autocontrol, por ejemplo: La Tortuga, la caja de la rabia, la pregunta mágica…

Se cita como referencia el TFG El desarrollo de la tolerancia a la frustración en la etapa de Educación Infantil y su relación con el ámbito familiar y escolar (Universidad de Zaragoza)

Pregunta 3: Según Francisco Mora "Emocionar es la palabra clave, sin emoción no hay aprendizaje" ¿De qué manera comienzan a aprender los niños? Sus primeros aprendizajes, ¿están relacionados con la cognición o quizá con sus emociones, percepciones y sensaciones?

Ana R.: Efectivamente, tal y como comenta Francisco Mora, "Emocionar es la palabra clave, sin emoción o motivación no hay aprendizaje" "Motivar tiene mucho que ver con que te guste lo que enseñas, por lo que la emoción, tanto para el que aprende como para el que enseña, es la base "La Emoción es el medio de comunicación más poderoso que existe".

La elaboración de las emociones corresponde al sistema límbico o emocional y la emoción nos mantiene vivos. Emoción indica movimiento, interacción con el mundo. "Cognición-emoción es un binomio indisoluble; no hay razón sin emoción"

Un niño no comienza a aprender con ideas y con abstractos, sino con percepciones, emociones, sensaciones. El cerebro de los niños aprende cuando hay emociones. Los niños comienzan a aprender a través de mecanismos básicos como la empatía, la imitación o la atención compartida y la eficiencia de ese aprendizaje y de la memoria reside en esa energía cerebral que llamamos emoción. Los ambientes motivacionales positivos proporcionarán un aprendizaje duradero y mucho más satisfactorio.

Pregunta 4: Y al hilo de esto que comenta Ana, cabe preguntarse entonces ¿cómo se logra alcanzar una escuela emocionalmente inteligente en la que se produzca el aprendizaje emocional del que hablamos?

Isabel: Pues realmente, como hemos venido viendo en nuestra charla, es una tarea que requiere de un gran compromiso. En primer lugar, es necesario desarrollar las competencias socioemocionales del personal docente y no docente que trabaja con el alumnado. Siempre que hablamos de formación, es fundamental partir de nosotros mismos porque no podemos enseñar/transmitir aquello que no tenemos o que no somos.

También es importante que se convierta en una cultura de centro. En mi opinión, es especialmente importante crear un clima social de clase (y de centro) positivo para promover una relación cálida y afectiva entre los alumnos y alumnas que les ayude a sentirse miembros de un grupo cohesionado. Así, facilitaremos que cada alumno se implique de manera activa en todas las situaciones que se produzcan en los distintos ámbitos escolares (aula, comedor, patio…).

De hecho, considero que para progresar hacia esa escuela emocionalmente inteligente, hay que dar un salto más allá, pasando de una inteligencia emocional más personal a lo que podríamos llamar una "inteligencia organizacional". No se trata de contar con "llaneros solitarios" muy innovadores, concienciados y entusiasmados con la tarea sino de tejer una red colaborativa que implique a toda la comunidad educativa porque somos conscientes de que, tal y como se afirma desde la Psicología de la Gestalt, "el todo es más que la suma de las partes".

Pregunta 5: Este entorno escolar positivo del que hablamos es, por supuesto, fuente de menos conflictos o más bien el caldo de cultivo idóneo para una mejor gestión de los conflictos, …. pero entonces es interesante profundizar sobre ¿qué papel le corresponde a cada agente educativo contribuir a que esto sea así?, ¿cómo podemos favorecer una adecuada gestión de conflictos para crear un clima positivo en los centros?

Isabel: Pues siempre que hablo sobre este asunto con los colegas del centro Herrikide, y también lo hemos apuntado varias veces en este ratito de conversación, vemos que lo más importante es el trabajo de prevención que se hace con todos los mecanismos que están en marcha: una educación socioemocional sistemática y secuenciada a lo largo de las etapas educativas. Este trabajo no debe ser reactivo, es decir, como reacción a cada conflicto que ocurre, sino que debe ser un entrenamiento que nos capacite para dar la respuesta más adecuada cuando la situación lo requiera.

Por otra parte, es fundamental tener todas las antenas posibles (docentes, personal del comedor, del tiempo libre, otros alumnos, las familias…) activadas para detectar cuanto antes cualquier conflicto con el fin de intervenir en las primeras fases (aunque nosotros los adultos los consideremos "tonterías o cosas de niños" es muy importante la intervención en esta fase embrionaria para que no escalen y acaben convirtiéndose en acoso escolar o "bullying", que siempre es mucho más difícil de gestionar. Ni qué decir tiene, que, si a pesar de todas estas medidas, surge algún caso de acoso hay que tener un protocolo claro de actuación.

En conclusión, todos y cada uno de los miembros de la comunidad educativa somos responsables y debemos implicarnos en la creación de un entorno sano y positivo, fuente de apoyo, seguridad y confianza. Incluso es importante que contemos con agentes e instituciones externas, tales como trabajadores sociales, ayuntamiento, expertos…. Es fundamental el papel del equipo docente, pero también, como no, el de los iguales, el del personal no docente, las familias… De hecho, en Herrikide ofrecen formación, no sólo al profesorado sino también a los alumnos de cursos superiores para que sean mediadores, al personal de administración y servicios, a las familias… involucran a la totalidad de la comunidad educativa y yo creo que ese es uno de los puntos clave de su éxito.

Ana R: Escuchando las palabras de Isabel, recuerdo también la importancia de los compañeros mediadores, un equipo muy eficaz en la resolución de conflictos escolares. El mediador es una persona imparcial y neutral, nunca protagonista del proceso de mediación. No solventa el problema, pero ayuda a las partes, facilita la comunicación constructiva entre ellas y sugiere posibles acuerdos, prepara la vía de la negociación. El mediador ayuda a que cada parte comprenda los intereses de la otra y las soluciones pasan por beneficios mutuos ("Yo gano – Tú ganas: Todos ganamos"). Se dejan atrás las posturas de intransigencia ante un conflicto en el que no hay ganadores ni perdedores.

El proceso de mediación implica una serie de fases:

- Aceptación del mediador por todas las partes implicadas en el conflicto.
- Recopilación de información sobre la base y el desarrollo del conflicto para seleccionar aspectos fundamentales desde distintas ópticas y diseñar una estrategia adecuada.
- Compromiso por escrito relativo a las normas y condiciones del proceso de mediación.
- Reuniones conjuntas que se compongan de todas las partes implicadas.
- Elaboración de propuesta de acuerdo y aprobación de la misma.

En la charla de hoy hemos podido hablar entre expertas, hemos intentado transmitir algunas claves/herramientas y recursos útiles para trabajar las emociones y la gestión de las mismas desde los centros, si bien reconocemos que es un tema muy complejo y que debe ser tratado con mayor profundidad.

A modo de resumen: algunos de los beneficios de trabajar emocionalmente en el aula pueden ser:

- El aumento de habilidades sociales y el promover relaciones interpersonales satisfactorias en el alumnado, la Mejora de la autoestima, la Disminución del número de agresiones entre los alumnos y alumnas creando un clima positivo de convivencia, favorecer una Mejor adaptación escolar, social y familiar. y Disminuir sentimientos negativos como la tristeza, ansiedad y estrés…

Al final uno de los objetivos de la educación es trabajar en el desarrollo emocional del alumno, no solo en el desarrollo cognitivo, favoreciendo un desarrollo íntegro del alumno.

Gracias por vuestra participación como profesionales, ha sido un placer compartir con vosotras esta charla tan interesante en la que hemos podido compartir nuestras experiencias y conocimiento en el ámbito de la educación emocional: "Hacia una escuela emocionalmente inteligente". Agradecer también al espectador por su interés y atención y al equipo técnico de Udima y tanto al colegio oficial de docentes de Madrid como a la Universidad a distancia de Madrid el que haga posible estas conversaciones en educación.

Adaptación del Guión Conversaciones en Educación: "Hacia una Escuela Emocionalmente Inteligente" Universidad a Distancia de Madrid (UDIMA)

Febrero 2024

CAPÍTULO 24
Educación mixta o diferenciada

Solo un 0,17% de los alumnos acuden a colegios diferenciados por sexo. Dos expertos explican en 'Herrera en COPE' los motivos de este asunto:

Cuando hablamos de un modelo educativo mixto frente a un modelo diferenciado o viceversa, encontramos argumentos variados que defienden uno u otro. Es cierto que actualmente se habla de una nueva educación diferenciada que potencia el liderazgo femenino, no obstante, se sigue apostando por el modelo educativo mixto.

El modelo de educación mixta permite una gran flexibilidad educativa al combinar métodos, estrategias y recursos, además de fomentar la igualdad y el acceso a la educación. Es cierto que usamos de manera indistinta los conceptos educación mixta y coeducación, no obstante creo que es conveniente distinguirlos. La educación mixta se refiere a la idea de que niños y niñas se sitúen en el mismo centro educativo, la coeducación implica una reflexión más profunda sobre el contenido y la forma dicha educación.

Los alumnos/as de colegios mixtos suelen poseer mayor empatía por diferentes grupos de personas y aceptan con mayor facilidad distintas maneras de ver el mundo, pues lo aprenden desde el principio en las aulas diversas e inclusivas. Además, propicia una educación igualitaria y con las mismas oportunidades, no se limitan las actividades que cada niño o niña pueden llevar a cabo por cuestiones de género.

En un centro mixto, la amistad se genera no solo con personas de su mismo sexo, sino que amplían su círculo social y enriquecen su vida interpersonal de manera positiva. La escuela mixta es una reivindicación que se sitúa en el plano de la igualdad de derechos entre hombres y mujeres.

Adaptación del guión para la entrevista en COPE sobre educación diferenciada junto a Alfonso Aguiló, presidente de la Confederación Española de Centros de Enseñanza (CECE)

Febrero 2024

CAPÍTULO 25
Consejos para las familias a la hora de gestionar los suspensos

Nos gusten o no, las calificaciones al final de cada trimestre forman parte de la vida escolar de los niños, por eso es fundamental que los padres aprendamos a convivir con ellas. La Navidad, la Semana Santa y el verano tienen algo en común: los boletines de calificaciones escolares. Aunque existen ya muchos los cambios metodológicos, las notas son los pilares sobre los que aún se sostiene el sistema educativo. El asunto se complica cuando el boletín incluye suspensos. Sean muchos o pocos, sorprendentes o previsibles... los suspensos representan un disgusto para las familias. Es cierto que los insuficientes no tienen con una explicación igual y depende de cada niño/a, en cualquier caso, es importante saber cómo queremos posicionarnos llegado el momento de afrontarlo. Un suspenso no tiene por qué ser trascendental y es superable, pero la situación emocional que desencadene sí puede serlo, debemos tener cuidado con nuestros mensajes.

¿Qué podemos hacer ante los suspensos en las calificaciones de los niños?

- Si estamos enfadados, es mejor aplazarlo y hablar en otro momento

No tenemos por qué hablar del tema en el mismo momento en que veamos las notas. Si las noticias del boletín nos alteran o nos enfadan, podemos aplazar la conversación. Los gritos, los sermones y los enfrentamientos nos encaminan a buscar culpables y no a proponer soluciones. Una mala nota no es motivo suficiente para herir su autoestima, ni para dañar los vínculos que nos unen.

- Preguntar y escuchar a nuestros hijos

Cuando nuestro hijo tiene un problema, nos sentamos a escucharlo y los suspensos no pueden convertirse en una excepción; nos interesaremos por su versión de lo ocurrido. Quizá no nos cuente la verdad, pero lo que es seguro es que no nos la dirá si no le prestamos atención. Sin comunicación no hay confianza.

- Identificar el problema

La realidad es que se puede suspender por falta de interés, de trabajo, de organización... La actitud del niño ante el suspenso nos ofrece mucha información sobre el origen del problema. No es lo mismo que presente ese mal resultado demostrando intención de mejorar, que si lo hace con un tono desafiante o indiferente. Para acertar con el tratamiento, lo primero es saber qué ocurre en profundidad.

- Ayudarle a reconocer su responsabilidad

Gran parte de los suspensos se producen porque el alumno no ha estudiado lo suficiente. Si tu hijo no comprende ni asume lo sucedido, será complicado que realice los cambios necesarios para atajar el problema. No sirve apelar a la mala suerte, ni al dicho *"el profesor me tiene manía"*, ni ninguna otra excusa. Es imprescindible que acepte su responsabilidad sobre el suspenso.

- Las consecuencias deben ser realistas

Es lógico que un suspenso tenga consecuencias, pero nunca hasta el punto de debilitar nuestros vínculos. Además, hay que tener presente que cada etapa tiene características propias. Los más pequeños suelen tener problemas con la gestión del tiempo , el establecimiento del hábito de estudio… y, a medida que crecen, a estas dificultades se añaden otras nuevas: ausencia de métodos, falta de motivación, asignaturas que se atragantan… Para ayudar a nuestro hijo, tendremos que ajustar nuestras expectativas a su carácter y la situación en que se encuentre.

- No sólo corregimos cuando llegan las notas

La manera en que te relacionas con tu hijo a diario es también un factor decisivo en su actitud ante los estudios y su rendimiento académico. Iniciar a los niños en hábitos positivos desde la primera infancia es igualmente determinante.

- ¿Eres tú quien debe ayudarle a estudiar?

Los padres debemos acompañar a sus hijos en sus estudios, sin embargo, esto no significa que seamos siempre los más adecuados para ayudarles a preparar un examen o hacer sus deberes pues a menudo, nuestra implicación emocional conduce a un exceso de tensión. De este modo, lo que debería ser apoyo en el estudio se convierte en un enfrentamiento minando la relación y llegando a afectar a la autoestima del niño. Nuestro hijo necesita más el afecto y la confianza que nuestra transformación en profesor de refuerzo exigente.

Promocionar:

Pasar al curso siguiente "puede ser visto como un logro, aunque no se hayan superado todas las asignaturas" Un estudiante que se ha esforzado al máximo, aunque no se le den bien una o dos asignaturas, probablemente merezca promocionar.

Del mismo modo que no es negativo pasar sin todo aprobado, suspender y repetir tampoco debería ser un problema ni debilitar la autoestima del alumno, pues "todas las personas a lo largo de la vida estamos en continuo aprendizaje y debemos comprender cuáles son nuestras habilidades para seguir avanzando"

En realidad, lo importante es ver los aprobados y suspensos como un reflejo de nuestras debilidades y nuestras fortalezas. Es relevante matizar qué implica un aprobado o un suspenso, el logro o no de unos objetivos establecidos previamente.

- Suspenso: es un claro indicativo de aquello en lo que debemos mejorar, nos muestra nuestras debilidades.
- Aprobado: nos señala cuáles son nuestras fortalezas.

Cada caso debe de ser estudiado de forma personalizada para conocer y entender por qué el alumno no está alcanzando el objetivo.

Aún así, habría que hablar con el alumno al que se promociona y explicarle lo que se espera de él en el siguiente curso.

Colaboración en el suplemento del diario ABC (Guía Avanza Especial Colegios)
Consejos para las familias a la hora de gestionar los suspensos

Marzo 2024

CAPÍTULO 26
Mesa Redonda del Encuentro de Bienestar en Educación
("por el cuidado de todos")

En este interesantísimo evento participamos:
- Isabel Serrano, experta en Convivencia y acoso escolar.
- Juan de Vicente, orientador y profesor.
- Ana Roa, asesora pedagógica del Colegio Oficial de Docentes.
- José Miguel Campo, miembro del Consejo Escolar de la Comunidad de Madrid.
- Maite Ortiz, directora general de la Fundación SM.
- Diana Pantazi, alumna de 1º de Bachillerato.
- Aurora Campuzano, moderadora, directora de Comunicación del Colegio.

Se trataron los siguientes temas:

Pregunta 1. Diagnóstico: ¿Cuál es la realidad actual en relación con el bienestar en los centros educativos?

Pregunta 2. Problemas y necesidades: ¿qué problemas y necesidades hay ahora mismo en los centros educativos en relación con el bienestar y a la convivencia?

Pregunta 3. Soluciones, medidas preventivas: ¿Qué se puede hacer desde los centros educativos para promover el bienestar de toda la comunidad?

Mi intervención

Creo que actualmente existe una vulnerabilidad que se nos escapa porque está latente, encubierta. Existen chicos/as que crecen sin dar sentido a su realidad y que se encuentran ante una sensación de indefensión, de no encontrar salida… en definitiva, de desesperanza.

Creo que la salud mental y el bienestar emocional se desarrollan día a día, en las relaciones cotidianas… y en los entornos que rodean a nuestros chicos (entre ellos el centro educativo). Es como si tuvieran delante un puzzle y tuvieran que ir encajando las piezas: "¿Quién soy?", "¿qué quiero?", "¿por qué quiero esto?" Ahí estamos los adultos para acompañarlos en la resolución a estas preguntas de manera incondicional.

Las familias nos encontramos con la lectura de la realidad de nuestros hijos e hijas, con sus dudas e incertidumbres. Parece que se desconectan de lo que a nosotros, como padres y madres, nos parece razonable. Estamos incondicionalmente presentes ante sus miedos y sus caídas.

Los padres y madres tienen una influencia fundamental en el bienestar psicológico de los hijos e hijas. Los padres y madres también influyen en el bienestar infantil con sus comportamientos, sus estilos educativos, el modo en que organizan la vida cotidiana y según el tipo de ideas y creencias que tienen sobre las necesidades y el desarrollo infantil. (Parentalidad Positiva)

La salud mental y el bienestar emocional en el ámbito familiar:

- Cultivar la empatía en la familia: Contar y escuchar historias de vida de cada miembro del hogar permite construir conexiones emocionales más profundas y fortalecer los lazos familiares, sentarse juntos y compartir experiencias, tanto las positivas como las difíciles. Escuchar activamente y sin juicios proporciona el espacio para que cada miembro se sienta comprendido y valorado.

- Practicar el apoyo emocional en el día a día: Pequeños gestos pueden marcar una gran diferencia. Hacer del apoyo una parte esencial de la vida diaria en el hogar escuchando con atención cuando alguien necesita hablar y ofrecer palabras de ánimo en momentos difíciles (Escucha Activa+Feedback)

- Fomentar una comunicación abierta y respetuosa: Momentos para hablar en familia, sin distracciones ni interrupciones, donde todos puedan expresarse libremente. Aprender a escuchar sin interrumpir y cuando surjan conflictos, buscar cómo resolverlos a través del diálogo constructivo y el entendimiento mutuo.

- Establecer rutinas y límites: Proporcionan un sentido de seguridad y estabilidad en la familia. Establecer horarios para actividades compartidas, como cenas familiares y acordar límites claros y saludables ayudarán a mantener una convivencia armoniosa. (Autoridad Empática, firmes en la limitación de su comportamiento pero respetuosos con sus sentimientos)

- Fomentar el autocuidado: Dedicar tiempo a actividades que les proporcionen alegría y relajación. El autocuidado puede incluir ejercicio, hobbies, meditación o simplemente tiempo para descansar.
- Buscar ayuda profesional: Los desafíos emocionales pueden superar los recursos familiares. Buscar la ayuda de un profesional de la salud mental no es señal de debilidad, sino de fortaleza y preocupación por el bienestar de todos los miembros de la familia.

Conclusión final:

- Hablaría de la importancia de la Parentalidad Positiva basada en el afecto, el apoyo, la comunicación, el acompañamiento y la implicación en la vida cotidiana de nuestros hijos.
- Así llegaremos a una autoridad legitimada por ellos y basada en el respeto, la comprensión mutua y la búsqueda de acuerdos.

Participación en la Mesa Redonda del Encuentro de Bienestar en Educación ("por el cuidado de todos") Colegio Oficial de Docentes (CDL Madrid)

Abril 2024

CAPÍTULO 27
Relectura de las Altas Capacidades para el siglo XXI

Partiré recordando que uno de los principios del sistema educativo es la flexibilidad para adecuar la educación a la diversidad de aptitudes, intereses, expectativas y necesidades del alumnado,

El alumnado con altas capacidades intelectuales, por tanto, precisa una respuesta adecuada para el desarrollo pleno y equilibrado de sus capacidades y de su personalidad.

La legislación española considera a los niños de altas capacidades como alumnos con Necesidades Específicas de Apoyo Educativo. Al estar transferidas las competencias en materia educativa a las Comunidades Autónomas, son las Consejerías de Educación las encargadas de la identificación y atención de estos alumnos, a través de los Equipos de Orientación Educativa y Psicopedagógica (EOEP) y los colegios.

Desde el punto de vista educativo, escolar y pedagógico, quisiera tratar una serie de apartados:

Detección del talento desde la escuela con participación de todos los agentes de la comunidad educativa

Necesaria una formación permanente en AACC de la Comunidad Educativa para:

- "Comprender" y "aprender a dar respuesta" Concienciarnos sobre la importancia de las necesidades educativas de la Alta Capacidad y el Talento para desechar tabúes o mitos.
- Promover un entorno afectivo cálido, con una educación emocional adecuada, donde ellos /as se sientan libres para expresar sus ideas y mostrar todo su potencial.
- Concienciarnos del placer intelectual que les produce aprender a su manera, de su alto grado de curiosidad, de su necesidad de profundizar en temas de su interés, su cuestionamiento, su sentido crítico…
- Ayudarles a exponer y defender sus propios puntos de vista en temas sociales, ya que, en ocasiones, no encuentran afinidad con su grupo de iguales…
- Ayudarles a construir una estrategia personal de creatividad, investigación, propuestas de retos…
- Es decir, conocer cómo realmente son los alumnos/as talentosos/as o con talento (simple, múltiple, académico y/o conglomerado) o de AACC

Intervención desde el aula ¿estamos los docentes preparados para convivir con niños/as de AACC?

- Acompañamiento, Profesor/a acompañante (reivindicación del Docente Coach) que ha desarrollado habilidades propias de guía, de escucha activa, flexibilidad, asesoramiento, espíritu crítico y motivador, de agente facilitador del cambio y de la auto-regulación del propio aprendizaje de estos alumnos...

- Profesor que apoya las metodologías colaborativas y de investigación para una mejor inclusión de estos alumnos y tiene en cuenta su hipersensibilidad emocional, su alto grado de empatía y de sentido de la justicia.

Altas capacidades y fracaso escolar

- No existe siempre correlación positiva entre sus logros personales y sus resultados académicos: Desmontar el mito: "Los niños de altas capacidades destacan académicamente y siempre sacan buenas notas en todo" Salvo en el caso de los talentos académicos, los alumnos de altas capacidades no necesariamente tienen que obtener notas excepcionales, ni exactamente el mismo rendimiento en todas las materias, ya que pueden estar más motivados hacia algún campo específico.

- Desmontar el mito: "Como son tan inteligentes no necesitan ninguna ayuda en el colegio" Precisamente por su extraordinaria capacidad potencial, estos niños necesitan unas ayudas específicas sin las que raramente podrán llegar a alcanzar su pleno desarrollo personal e intelectual.

- Frágil autoconcepto (perfeccionismo, autocrítica) y les cuesta asumir retos académicos y sociales debido a las frustraciones con las que se encuentran con frecuencia.

Trabajo con las familias, detección del talento desde casa

- Familias observadoras y Familias expertas. Las familias son excelentes identificadoras de sus hijos de AACC porque utilizan el método de la observación comparativa y después se convierten en familias expertas en el tema.
- Concienciar a las familias de: "Inteligencia como diamante en bruto" que cristalizará con trabajo y perseverancia, "Inteligencia no es una maldición"

Medidas educativas en la Comunidad de Madrid

Sería interesante tener en cuenta aspectos como:
- Diseño de un plan individualizado de enriquecimiento curricular, que tendrá por objeto el máximo desarrollo de sus capacidades en el marco del curso académico en el que se encuentre matriculado.
- La propuesta de incorporación, desde los propios centros, del alumnado con necesidades específicas de apoyo educativo por altas capacidades intelectuales al Programa de Enriquecimiento Educativo del alumnado con Altas Capacidades de la Comunidad de Madrid.

Los participantes del PEAC asisten quincenalmente las mañanas de los sábados durante los meses de octubre a mayo, con el objetivo de favorecer su desarrollo integral, su pensamiento y la creatividad en ámbitos de aprendizaje como el científico-tecnológico, artístico, humanístico-literario o de habilidades sociales. Los jóvenes son propuestos por el profesorado especialista en orientación educativa tras un proceso de valoración psicopedagógica.

El PEAC es un programa gratuito y voluntario que ofrece tareas formativas a los escolares de Educación Primaria, Secundaria Obligatoria y Bachillerato de centros públicos, concertados y privados de la región. Este programa, que se puso en marcha hace 25 años con apenas 150 estudiantes y en el que ya participan más de 3.000 alumnos Según el consejero de Educación para el curso 2024/2025 está previsto crear 10 nuevos grupos que permitirán incorporar 180 nuevos alumnos a estas actividades.

Además, recientemente se ha creado el Centro Regional de Enriquecimiento Educativo (CREACIM), que coordina este programa, va a introducir distintas mejoras para agilizar el acceso a las actividades del PEAC por parte de los alumnos de la región. El CREACIM tiene su sede en el Complejo educativo El Sol, equipamiento público ubicado en el distrito San Blas-Canillejas de Madrid. Con este nuevo recurso se dota al PEAC de una estructura propia que permitirá una mejor planificación, gestión, organización y desarrollo de sus actuaciones.

Desde la sede del CREACIM, se coordinará a los ocho centros educativos de la región donde se imparten estas acciones formativas: institutos Juan de la Cierva y Beatriz Galindo -Madrid-; IES Pedro Duque de Leganés y Manuel de Falla –Móstoles-; IES José García Nieto -Las Rozas de Madrid-; IES Gerardo Diego -Pozuelo de Alarcón-; IES Joan Miró de San Sebastián de los Reyes-; e instituto Antonio Machado -Alcalá de Henares-.

Intervención en el Congreso "Relectura de las Altas Capacidades para el siglo XXI"

Junio 2024

CAPÍTULO 28
La cultura de la procrastinación

"La procrastinación es originaria del latín, de la palabra «procrastinato" que quiere decir aplazar, diferir o posponer. Su principal acepción es la acción y el efecto de procrastinar. Es decir puede definirse como el hábito o costumbres que poseen ciertas personas de posponer ciertas actividades, ocupaciones, tareas y situaciones que deben ser atendidas en un determinado momento, reemplazándolas por otras menos importantes pero más agradables. *Este hábito puede originarse debido a la problemática de la organización y autorregulación del tiempo de las personas; así que esta costumbre de procrastinar o posponer una decisión puede tomarse como una conducta evasiva"* Concepto Definición

"Los perezosos, como su nombre indica, tienen poca necesidad de apresurarse. La mayor parte del tiempo viven en lo alto de las ramas de bosques que se extienden a través de Centroamérica y América del sur, y solo bajan al suelo para defecar. Sin duda, llevan una vida en cámara lenta" BBC

Un niño perezoso no presenta dificultades físicas, psicológicas, de aprendizaje ni tampoco emocionales, solamente tiene pereza a la hora de realizar sus tareas, no quiere hacerlas. Cuidado con la confusión existente entre la falta de motivación y la pereza. En ocasiones los niños se encuentran poco estimulados y les falta entusiasmo a la hora de realizar alguna actividad… Cuando hablamos de pereza, la actitud ante cualquier tarea o juego es más pasiva, da lo mismo que se trate de subir a un tobogán como de asistir a un cumpleaños o quizá tener que levantarse temprano.

Piers Steels (2012) en su libro-guía Procrastinación explica "por qué dejamos para mañana lo que, efectivamente, podríamos hacer hoy, analizando los mecanismos que activan este tipo de conducta y nos da las claves para poder vencer estos patrones destructivos que afectan a la felicidad de nuestro día a día" En este capítulo hablaremos detalladamente de estas actitudes.

Si nuestro/a alumno/a o nuestro hijo se muestra perezoso, nos puede servir de gran ayuda:

- Planificar las tareas y estructurar su tiempo. Tener claro cómo y cuándo debe hacer la tarea es muy necesario, ya que se ahorran un paso previo, es conveniente que tenga fijada una rutina diaria, la cual tendría que ser supervisada.
- Fijar metas claras, reales y alcanzables que garanticen el éxito a corto y a largo plazo. Servirán para ganar confianza en sí mismo, pues su autoestima puede dañarse sufrir insatisfacción personal.
- Tener apoyo social y sentirse valorado por esforzarse para hacer las cosas. De esta manera se sentirá más reconocido y evitaremos que abandone objetivos que ha planificado.

- Realizar cada día una serie de tareas previamente asignadas. Dependiendo de su edad y de sus habilidades puede colaborar en casa poniendo y recogiendo la mesa, haciendo su cama, ordenando su ropa y preparando la que va a usar el día siguiente...

- Limitar un tiempo para la realización de esas tareas. Deben hacerse de manera rutinaria a una hora estipulada y en un tiempo que estimemos oportuno negociado previamente. No vale dejar los platos sin recoger hasta pasada una hora después de la cena o hacer la cama a la vuelta del colegio...

- Exigir constancia y rutina a la hora de hacer las tareas. No sirve que las realice dos días seguidos y después esté varios días sin hacerlas... Es muy importante que aprenda a ser constante para conseguir llegar a una rutina.

- Reforzar de manera positiva la buena conducta y alabarlo cuando cumpla con su deber, él necesita escucharnos para seguir avanzando.

- Eliminar frases negativas como "¡qué vago es!" Estas expresiones provocarán su desmotivación y su comportamiento no será el esperado.

- Dialogar sobre el esfuerzo y el hábito de trabajo diario. En ocasiones no comprende para qué es útil y por qué es indispensable que lo considere un valor positivo para el futuro.

- Ser un ejemplo para él. Es cierto que el día a día es arduo y nos sentimos cansados pero si estamos quejándonos continuamente no seremos buenos referentes y no tendrá ganas de hacer sus cosas.

- Cuidar el exceso de proteccionismo. A veces tendemos a darle todo hecho y surge la pregunta: El niño perezoso,

¿nace o se hace? Es muy importante que aprenda a ganarse las cosas esforzándose, siendo responsable y sintiéndose satisfecho con la labor realizada.

- Organizar una tabla con horarios para que su atención esté focalizada en "aquí y ahora"

La regla del minuto, método japonés Kaizen contra la pereza

Este método, creado por Masaaki Imai, se inspira en la palabra japonesa Kaizen, que deriva de la conjugación de dos vocablos, "kai", que significa cambio o acción de enmendar, y "zen", que se traduce como bueno, beneficioso o sabiduría.

Este método japonés se centra en la constancia, el esfuerzo y la persistencia como motores para combatir la desidia, mejorar los hábitos y conseguir las metas propuestas. Consiste en destinar solo un minuto a la tarea que más les cuesta y siempre a la misma hora para así crear una rutina. Este pequeño y sencillo paso puede ser el comienzo de un cambio profundo en los hábitos de nuestro hijo. La constancia le ayudará a mejorar y cambiar esa actitud perezosa y al repetir a diario la misma actividad durante un minuto, se irá acostumbrando y al cabo de pocas semanas ya formarán parte de su rutina cotidiana. Después, el paso siguiente será ir aumentando el tiempo de forma progresiva. Una vez que el pequeño se sienta motivado y haya convertido esa tarea en un hábito, podremos incrementar el tiempo que le dedica a la misma, primero dos minutos, luego a tres y así sucesivamente hasta que pueda completar la actividad.

Su principio fundamental puede resumirse en una frase: "Hoy mejor que ayer, mañana mejor que hoy" y su objetivo es conseguir que los niños dediquen un sólo minuto a alguna actividad o tarea que les cueste hacer, la idea es pasar de la "remolonería" a la perseverancia. Sesenta segundos puede parecer muy poco tiempo, pero lo cierto es que es el tiempo mínimo que se necesita para comenzar a instaurar un hábito sin que la pereza aparezca.

La efectividad radica en la gradualidad y la continuidad. Cuando los niños tienen que dedicarle demasiado tiempo a las tareas que no les gustan, estas se vuelven más tediosas e insoportables. Sin embargo, si saben que tan solo deben dedicarles un minuto se mostrarán menos reticentes ya que, a fin de cuentas, es muy poco tiempo. Es muy importante que los niños comprendan lo necesario que resulta avanzar un poco cada día, aunque se trate de pasos pequeños y los resultados no sean perfectos, así daremos el valor al proceso y no al resultado inmediato.

La pereza está relacionada con los hábitos y las costumbres adquiridas, no podemos considerarla como un rasgo de nuestra personalidad, si bien pueden influir los factores biológicos, pero no son determinantes. El conflicto se origina cuando no es corregida a tiempo y el niño perezoso acaba por convertirse en un adulto perezoso. Es durante la infancia cuando se deben marcar una serie de pautas a nuestros hijos y estimularlos, de tal manera que de enfrenten a los retos y sean capaces de proponerse metas alcanzables y realistas.

Procrastinar: qué es y cómo evitarlo

Procrastinar (diferir, postergar) implica retrasar de manera voluntaria e irracional una actividad o la toma de una decisión importante mientras nos dedicamos a otras tareas de menor relevancia. Si queremos hablar de *procrastinación, debemos ser conscientes de que estamos evitando nuestras responsabilidades y de las posibles consecuencias que esto puede suponer para nosotros. Es decir, procrastinar no es simple o solamente dejarlo todo para el último momento.*

Además, para que se hable de procrastinación, debemos encontrar un componente irracional pues, comprendemos, que sería mucho más beneficioso para nosotros realizar en este momento la tarea que estamos posponiendo… por tanto, somos totalmente conscientes de que, tarde o temprano, tendremos que realizar el trabajo pendiente.

Etimológicamente el término "procrastinación" proviene del latín *procrastinare* "dejar un asunto para mañana, aplazar", *pro "adelante" y crastinus "referente al día de mañana, al futuro" Procrastinar consiste en la dificultad de algunas personas para iniciar actividades y comprometerse a hacerlas, a pesar de resultar importantes para ellas, llevando a cabo tareas diferentes de las que se había propuesto al principio.*

En muchas ocasiones confundimos a las personas procrastinadoras con personas vagas, pero no es así. Aquellos que son procratinadores realmente quieren hacer aquello que tienen que hacer y, en numerosas ocasiones, llegan a cumplir con sus objetivos aunque demoren la tarea todo lo que pueden. Esta forma de actuar puede ocasionar que el resultado final no sea el esperado.

Causas de la procrastinación

Siguiendo a Psicopolis encontramos tres variables para tener en cuenta:

- Impulsividad

La impulsividad explica la tendencia a buscar una recompensa inmediata, aquí y ahora, aunque sea de menor calidad a la que podríamos obtener si la aplazáramos. Por tanto, cuanto menor sea nuestra capacidad para autocontrolarnos y demorar la recompensa, más difícil nos será evitar la procrastinación.

- Valor de la tarea

Las tareas que más tendemos a alargar en el tiempo son aquellas que nos resultan aburridas o poco gratificantes. De hecho, si algo no nos gusta, siempre buscaremos otras actividades más apetecibles con las que sustituirlo.

- Expectativas de éxito

Cuando una tarea que nos resulta complicada está frente a nosotros y no sabemos cómo abordarla o no estamos seguros/as de poder acabarla con éxito, la procrastinación aparece para librarnos momentáneamente de la ansiedad ante las expectativas de fracaso. En otras ocasiones, la confianza en nuestra capacidad de lograr acabar la tarea con éxito nos lleva a posponerla, pues pensamos que no tendremos problemas para resolverla en poco tiempo, recordemos la fábula de la liebre y la tortuga.

Cómo podemos evitar la procrastinación

-Respondiendo a preguntas basadas en la reflexión sobre las causas citadas en el apartado anterior, como por ejemplo:

Impulsividad:
- ¿Te resulta complicado aplazar una recompensa?
- ¿Buscas el beneficio inmediato?
- ¿Eres incapaz de renunciar a una actividad gratificante inmediata?

Valor de la tarea:
- ¿Qué actividades te resultan más aburridas?
- ¿Qué tareas te parecen una pérdida de tiempo?
- ¿Qué cosas haces solo por obligación?

Expectativas de éxito:
- ¿En qué áreas te ves poco competente?
- ¿Qué actividades te resultan más complicadas?
- ¿Cómo te enfrentas a los fracasos?

-Entrenando la tolerancia a la frustración

Detrás de la procrastinación hay un intento de aplazar o evitar la frustración.

Esto es, si no confiamos en nuestras posibilidades ante una tarea concreta, tratamos de aplazarla, e incluso nos rendimos y la abandonamos. Reconociendo nuestras fortalezas y trabajando estrategias para la resolución de conflictos llegaremos muy lejos.

- Dividiendo la tarea (la meta) en pequeñas subtareas (submetas)

Cuando nos encontremos ante una tarea compleja y propicia para procrastinar, lo primero que haremos será dividirla en pequeñas subtareas que nos resulten menos densas; de esta forma obtendremos una serie de objetivos intermedios, sencillos y fáciles de lograr.

- Planificando

Una vez que hemos dividido la tarea, realizaremos un plan detallado y especificaremos los plazos en los que debemos acabar cada uno de los objetivos propuestos. Los planificadores semanales facilitan esta organización.

- Buscando el valor de la tarea

Si la actividad no tiene ningún valor para nosotros, es normal que tratemos de evitarla. Es entonces cuando debemos tomarnos un tiempo y pensar, desde todas las perspectivas, qué valor tiene la actividad que debemos realizar. Un ejemplo claro es el de los estudiantes de ESO que creen estudiar es una pérdida de tiempo. Quizá pensar que el valor de estudiar no es solamente aprobar la asignatura, sino el curso o tener la nota suficiente para estudiar la carrera que desean, puede cambiar su mirada.

Colaboración para la revista Enlace nº 34 (Asociación Aragonesa de Psicopedagogía) La cultura de la procrastinación

Septiembre 2024

CAPÍTULO 29
Cine y Educación

Igual que la educación ha sido una temática recurrente en muchas películas, el cine también se ha utilizado como un recurso reiterado en las aulas.

De hecho, los alumnos están habituados al consumo de cultura visual, solo hemos de redirigir su mirada hacia nuestra propuesta cinematográfica. Desde ahí, se puede incidir en la comunicación de contenidos transversales, para que los estudiantes descubran descubrimiento de mensajes que se hallan más allá de las imágenes.

Los/as docentes se abren cada vez más a introducir didácticas educativas no convencionales que den apertura a la innovación por un lado, y por otro, que permitan al alumnado explorar y experimentar nuevas y diversas formas de aprendizaje. En este sentido, el empleo de medios audiovisuales para enriquecer la labor docente es un hecho.

El cine resulta adecuado para captar la atención y facilita la comprensión de contenidos, contribuyendo a una educación en valores, para ello, el docente debe incluir los objetivos que se persiguen y tareas complementarias en su recomendación cinematográfica.

El cine en el proceso enseñanza-aprendizaje permite desarrollar la creatividad, estimular la fantasía, aumentar la actividad psíquica y emocional del estudiante; acelerar el ritmo de la clase y ahorrar tiempo en la enseñanza, como a su vez, la posibilidad de complementar conocimientos, integrar ideas y lenguajes. También favorece la intercomunicación o el análisis crítico.

Las películas impactan en la sensibilidad y amplían nuestra mente; permiten encontrar gente de lugares, culturas y épocas distintas, conocer personalidades muy diferentes y ampliar los modelos de vida que tenemos a nuestra disposición.

El lenguaje audiovisual implica el nivel sensorial, el intelectual y el imaginativo al mismo tiempo, por eso, las imágenes cinematográficas siguen adheridas a nuestra memoria mucho tiempo después de que los contenidos de las explicaciones sistemáticas se hayan difuminado.

La utilidad del cine puede darse para trabajar algunos temas que son difíciles de ser tratados dentro del aula o bien como propuesta para que el alumnado aprecie el arte, la estética, la comunicación, la cultura...

Los profesores/as van siendo cada vez más conscientes de que tienen en el cine un buen aliado para la tarea educativa, empleándolo para ilustrar y facilitar la asimilación de contenidos de asignaturas, para la educación afectiva y moral y para ampliar sus experiencias.

Adaptación del guión para la entrevista en LA SEXTA TV sobre Cine y Educación

Septiembre 2024

CAPÍTULO 30
Del pizarrín a las aulas virtuales: la "vuelta al cole" en España a través de tres generaciones

Ana Roa, educadora y pedagoga infantil, comenta a RTVE.es como antes no existía realmente una formación pedagógica tan extensa como la actual, sino que eran los profesores quienes impartían sus asignaturas según sus propios métodos, se trataba de una educación más instructiva y previsible. "Ahora, sí que se está trabajando a nivel más pedagógico para que comprendan la etapa evolutiva de los alumnos y para que sea más humana la educación".

"Hoy, los profesores realizan dinámicas de integración y apoyo emocional para equilibrar la formación académica con el bienestar socio-emocional", asegura Roa. Sin embargo, los docentes enfrentan nuevos retos cada año debido a los rápidos cambios en la sociedad.

Los contenidos que se imparten ahora son más flexibles y pasan por la gamificación, el juego. "Ya no se enfocan tanto en la memorización, sino que parten de las propias experiencias del alumnado", explica la pedagoga Ana Roa.

Roa señala que, incluso, hay muchos profesores que ahora elaboran sus propios contenidos junto con los alumnos para no tener que depender de un libro de texto. Para Ana, la mejor metodología pasa por combinar el libro de base, junto con unos cuadernos con los que puedan desarrollar la letra de manera manual, mientras la tecnología se dejaría para momentos puntuales.

Transcripción de mi intervención en la entrevista para RTVE.es:
Del pizarrín a las aulas virtuales: la "vuelta al cole" en España a través de tres generaciones

Septiembre 2024

CAPÍTULO 31
¿Mi hijo es un niño de Alta Demanda?

Actualmente cada vez se utiliza más el término "alta demanda", de hecho, los padres que afirman que sus hijos se encuentran dentro de este grupo de niños, son cada vez más numerosos.

A la hora de hablar sobre alta demanda, existen opiniones de todo tipo. Desde los que opinan que no existen niños así hasta los que se sienten totalmente identificados con dichas descripciones, y en cierta forma consolados y comprendidos... otros, en cambio, no saben a qué se refiere esa expresión.

El pediatra estadounidense William Sears, acuño el concepto "high need baby", pues su cuarta hija era totalmente diferente al resto de sus hermanos, a pesar de haber utilizado el mismo sistema de crianza. Este hecho hace que además de no entender muy bien la situación, perciba ciertas etiquetas y prejuicios de las personas de su entorno, que comienzan a valorar la dificultad que conlleva tratar a su hija por sus peculiaridades. Por ello, decide aceptarla sin intentar cambiarla, quererla tal y como es. A raíz de este hecho se dedica a ayudar a los padres que están pasando por la misma situación con sus hijos con métodos de crianza concretos que en algunos casos han roto con el prototipo convencional que normalmente se había aconsejado durante los primeros meses o años de vida de un niño.

¿Cómo reconocer niños de alta demanda?

Un gran número de familias pretende evitar que sus hijos pasen por aquellas experiencias negativas que ellos han vivido, tratan de allanar el camino, eliminar escollos, hacer que no pasen angustia ni ningún tipo de temor… en definitiva, lo que están haciendo estos padres es sobreproteger. Y esto no implica el estar haciendo realmente un favor a nuestros hijos. No es tarea fácil darse cuenta de que a pesar de los intensos lazos emocionales que existen debemos dar una buena educación evitando esa sobreprotección que en el fondo les debilita; el hecho de que lloren o se enfaden supone una descarga de carácter emocional que es necesaria para los seres humanos y nos corresponde evitar que utilicen estas rabietas para minar nuestra resistencia y conseguir aquello que desean.

Cuando pensamos que "ya tendrá tiempo de sufrir", "bastantes problemas existen ya como para no darle este capricho…" no estamos facilitando una estructura ordenada en el desarrollo madurativo y emocional del niño; evidentemente cuando son muy pequeños, su dependencia es absoluta de los padres, básicamente de la madre; pero según van creciendo, en conveniente "ir soltando amarras" a pesar de que esto suponga para los padres una sensación de inquietud, ansiedad o incluso cierto vacío. Ir solos al colegio cuando ya tengan edad para ello, permitirles salir un rato más con sus amigos o dejarles que se queden a dormir en casa de un compañero de clase son situaciones que tarde o temprano tendremos que asumir, lo que no implica desentenderse o no estar atento a la actitud y comportamiento del niño; lo que sí implica es la necesidad de ir aceptando que nuestros hijos crecen y que deben asumir solos situaciones y resolver problemas que se les presentarán en un futuro y que no siempre podremos compartir.

Encontramos algunas características comunes:

- Necesitan estar cerca del adulto de manera constante. Necesitan contacto físico, demandan estar en brazos, dormir con el adulto...
- Son inquietos y están casi siempre en actividad. Una mente siempre atenta e inquieta, como pidiendo estímulos continuamente...
- Tiene mucha energía, en ocasiones agotan al adulto. Se muestran enérgicos en todo lo que hacen, al llorar, al comer, al reír, al protestar...
- Se muestran curiosos e intensos.
- Exigentes. No aceptan la negación por respuesta.
- Son imprevisibles, los trucos que funcionan algunos días no sirven en otros...
- Son hipersensibles a ruidos y a la estimulación del entorno
- Carecen de autocontrol y de auto-regulación emocional
- Les cuesta enfrentarse a nuevos retos porque están acostumbrados a que se ceda ante sus demandas
- Difícilmente consienten estar sin la presencia continua de su cuidador principal, habitualmente la madre.
- Insatisfechos. Parecen no estar nunca contentos con lo que tienen o consiguen,

- No saben calmarse por sí mismos. Es como si no superan relajarse de ninguna manera y siempre necesitaran la ayuda de los padres para ello.

Muchos de nosotros solemos anticiparnos a las acciones de nuestros hijos y no les permitimos actuar o a hacer algunas otras cosas que podrían hacer solos. Creemos que aún no tienen capacidad de autonomía y asumimos responsabilidades que son suyas por evitar que se hagan daño, por comodidad para conseguir resultados más rápidos o porque no confiamos en su capacidad reacción.

Los niños aprenden a ser autónomos a través de las pequeñas actividades diarias que desarrollarán en casa, en la guardería o en el colegio y desean crecer, quieren demostrar que son mayores en todo momento; nuestra misión como padres se basa en potenciar tareas que ayuden a los niños a demostrar sus habilidades: Colocar los cubiertos en la mesa, recoger su habitación o comer solo son acciones que ayudarán a los niños a situarse en el espacio en que viven y a sentirse útiles y partícipes dentro de su propia la familia.

¿Cómo actuar con un/a niño/a de alta demanda?

Algunas sugerencias:

- Prioritariamente se suelen frustrar con facilidad, es importante enseñarles a tolerar la frustración.
- Mantener nuestra propia energía también puede ayudarnos en su educación. Necesitamos momentos de descanso y desconexión delegando nuestras funciones, esto nos hará volver con las pilas cargadas.

- Utilizar pautas de disciplina positiva y acompañarles en su plano emocional.
- Responder con calma, firmeza, amor y comprensión muchas veces es más eficaz que resaltar los comportamientos negativos.
- Establecer límites constantes y consensuados pero con coherencia. Cuidado con lo que le decimos a nuestros hijos y lo que luego hacemos, no podemos ceder a todo lo que nos reclama, Porque se desajustará y derivará en inseguridad y angustia.
- Evitar descalificaciones o comentarios peyorativos de su forma de ser, cuidado con las críticas… Su autoestima y su autocontrol emocional pueden resultar dañados.

En realidad este término se emplea hoy en día no sólo para definir a ciertos bebés, por el contrario, se ha hecho extensible a niños hasta de 11 y 12 años. Se describe un perfil concreto de niños con excesiva actividad que parece que nada les entretiene ni satisface sus deseos, con una dependencia total del adulto, sobre todo de la figura de apego de su madre, de la que reclaman aprobación y contacto físico constante.

ESCUELA DE FAMILIAS

CAPÍTULO 32
"Adoslescencia" y los terribles dos años

La "Adoslescencia" es una fase normal dentro del desarrollo de los niños y niñas, donde, en muchas ocasiones, aparecen berrinches, comportamientos desafiantes y frustraciones. "Los terribles dos años" no necesariamente ocurren exactamente en el segundo año de vida, se trata de un proceso que comienza a los dieciocho meses y suelen durar hasta el tercer año.

Los dos años implican un terremoto de emociones y cambios para los más pequeños, por ello, que hay quienes los bautizan como "Los terribles dos" o "aDOSlescencia". Debemos conocer qué les ocurre a nuestros hijos en esta etapa para acompañarlos y superar esta fase de la mejor manera posible para todos. Nos sorprendemos cuando, de repente, esa personita tan dulce que tenemos en casa se transforma en un volcán en erupción llorando y gritando… nos parece que ha entrado en una fase irracional y sin sentido…

No es una etapa fácil porque las prisas y el estrés del día a día hacen que todo se complique mucho y sobre todo, nos dejan con una gran pérdida de energía debido a tener que gestionar conflictos cada dos por tres.

Como padres y madres, nos preocupa no saber cómo actuar ante una crisis emocional de nuestro hijo. Nos encontramos en una etapa en la que los niños se enfrentan a la dualidad de la dependencia nuestra y a su deseo de independencia; quieren hacer las cosas ellos solos, pero descubren que deben cumplir con determinadas normas y las consecuencias son rabietas intensas y duraderas, conductas inadecuadas, berrinches…

Cómo afrontar la etapa de "Los terribles dos años"

En primer lugar, es importante entender qué ocurre de forma generalizada en esta etapa. También es cierto que están en una edad en la que son maravillosos, divertidos, ocurrentes… y para sobrellevar sus "ocurrencias" es recomendable respetar sus ritmos y necesidades de alimentación, descanso, juego y movimiento, evitando situaciones que puedan alterarlas; los expertos hacen hincapié en las rutinas estables como una de las claves para que "los terribles dos" no lo sean tanto.

En segundo lugar, debemos entender que nuestros niños deben desarrollar su autonomía según deseen. Les permitiremos ayudar cuando quieran limpiar aunque ensucien más o si también quieren vestirse solos, pues que lo intenten aunque nos lleve tiempo estar esperando junto a ellos. Quizá el fin de semana es el mejor momento para practicar todas estas actividades.

Si, a pesar de todos nuestros esfuerzos, llegan las rabietas, debemos aceptarlas. Son parte del crecimiento y lo más eficaz es saber cómo afrontarlas. Respiraremos, nos armaremos de paciencia y, cuando estemos a punto de perder los nervios delegaremos. Si estamos solos, es preferible que nos retiremos un momento y respiremos para calmarnos.

ESCUELA DE FAMILIAS